はじめに

　この本を執筆している今は、2023年4月です。

　2020年に世界を震撼させた、長い長いコロナ禍が明けようとしています。この3年間に、SNSの存在は大きく変わりました。個人だけではなく、SNSへ参入する企業も一気に増加し、各SNSのユーザー数は右肩上がりに増加しました。

　2023年に発表されたある調査の結果では「SNS利用者の47％がブランド情報を毎日チェックしている」という結果が出ています。同調査の「オンライン消費者が最も利用するSNS」ランキングでは、LINEに次いでインスタグラムを利用するユーザーが多いという結果もありました。

　さらに別の調査では、SNSをきっかけとした新規ECサイトでの購入経験はインスタグラムが最多となっており、具体的には「企業アカウントのキャンペーンやクーポン」「フォローした企業アカウントの投稿」であることがわかっています。

　コロナ禍において、ユーザーは自宅にいながらにしてSNSで情報を検索・収集し、そのまま商品を購入する時代となりました。そしてその全てを実行できるのが、インスタグラムなのです。

　ここまで読んでいただければ、私が何を伝えたいか、何となくおわかりですよね…！　そう、今の時代において「インスタグラムをやらない手はない」ということです。

　このことはご存じの方も多いことでしょう。きっとこの本を手にされているあなたも、それを感じているからこそ、手にしていただいたかと想像します。そして、

「インスタがいいって聞いたからアカウントは作ってみたものの、何をどうしたらよいかわからない」
「本業をこなしながら投稿を継続していくのが難しい」
「やってもやっても、フォロワーが全然伸びない」

……そんな風に感じていらっしゃるのではないでしょうか？

　私は、普段SNSディレクターとして活動しています。
　会社では大手企業様のSNSの運用のサポートを、個人では、個人事業主の方や地域密着型の小さいお店などのSNSのアカウントのコンサルティングをしながら、様々な業種、サービスのアカウントを見てきました。

　特に個人事業主の方や地方のお店を経営されている方のお話をうかがっていると、上記に記載したようなお悩みをたくさん耳にします。

私は、SNSを価値あるものとして活用する大前提として「継続」が命だと思っています。とにかく継続しないことには何も始まりません。しかしながら、多忙な毎日の中でひとつのアカウントをしっかりと運用し伸ばしていくということは、とても大変なことです。

　よく、「インスタは毎日投稿した方がよいのでしょうか？」というご質問をいただきます。インスタグラムのアルゴリズムから考えれば、1日1投稿するのがベストではあると思います。ただし、そこには運用する「あなた自身のアルゴリズム」も大切であることを忘れてはいけません。

　いくら毎日投稿するのがよいとされているといっても、それをこなすために睡眠時間を削り、必死で毎日のネタを探し、いつの間にか投稿が「義務」になってしまうと、途中で心が折れてしまいます。継続できなくなってしまったら、そこで全てが止まってしまうのです。

　逆に定期的な投稿を継続できるのであれば、2〜4日に1回などのペースでもよいと私は考えています。ただし1ヵ月など間が空いてしまうと「継続」とはいえない範囲に入ってきますので、バランスを取りながら運用していくのがポイントです。

　この本は、私がこれまで受けてきた上記のようなご相談から、「どうやって運用していけばよいかわからない」「毎日投稿するなんて無理！」と、途中でインスタ運用を諦めてしまった方の

ために、わかりやすく、かつ継続できるような本を目指して作成しました。

　この本では、１日のうち30分をインスタのために使うことで運用できる方法を紹介しています。もちろんこれ以上の時間を割くことができれば、よりスピードアップさせることが可能ですが、逆に30分も難しいという方は15分でも構いません。無理せず、とにかく歩みを止めないということが大切です。

　また、上手にアカウントを運用されている13人の方の事例から、集客につなげるヒントや、本業と並行して運用する工夫などもご紹介しています。これらをあわせて活用していただくことで、きっとこれまでよりも楽にインスタの運用を続けていくことができるのではないかと思います。

　あなた自身がインスタグラムを楽しみながら、無理なく運用することが継続の秘訣です。全くの初心者の方は、他のユーザーの投稿を色々見て楽しむことから始めてみてもよいかもしれません。

　この本が、読んでくださった皆さんにとって、インスタ運用の小さなヒントとなれば幸いです。

門口 妙子

インスタグラムの運用に成功した13人を紹介

インスタ運用の極意は、成功者のやり方を学ぶこと。
短期間で目標を達成した13人が
インスタグラム運用のこだわりやテクニックを公開してくれました。

01 やまてつさん　Interview ▶ P.33〜

本業をしながら30分で毎日投稿の秘密は?

　まるでオンライン図書館のような世界観が本好きの方に刺さりそう!
　テーマごとのおすすめになっている構成も分かりやすい。そして気がつくと何度も再生しているリール。「ついつい再生してしまう構成」のヒントが詰まっています。

YAMATE2.BOOK

02 SABO(カワハラサユリさん)　Interview ▶ P.51〜

サロンのイメージを伝えるデザイン

　サロンの特徴である「オーガニック」をイメージさせるイラストや、グリーンの差し色でキレイに世界観が統一されています。
　ヘアモデルさんの写真、施術後の髪の写真、お店の情報と統一されているところも見やすくてGOODです!

SABOHAIRSALON

03 もんちゃん　　Interview ▶ P.54〜

プロカメラマンの撮影テクニックを大公開

MON_DE_CAMERA

　ハンドメイド作家さんを対象に絞ることで、「誰に」「何を」発信しているのかがわかりやすく、フォローにつながりやすい形になっています。リールで紹介しているノウハウも100均の素材など、誰もが手にしやすいものを活用されていて、「すぐにマネできる」という部分も保存につながりやすいと思います。

04 ショーマンさん　　Interview ▶ P.71〜

情報収集と発信力がスゴイ！　ハイパーな旅アカウント

SHOMAN_REALTABI

　見つけたら絶対にクリックしてしまうインパクト大のサムネイルは、写真をしっかりと見せながら、文字が大きくわかりやすいのがポイント。
　旅雑誌のような情報量で読み応えたっぷり。動画と静止画を織り交ぜた、作り込まれたフィード投稿も、旅先に自分が行った気分で楽しめます。

05 東京5選グルメさん　　Interview ▶ P.74〜

食べ歩きで選び抜いたグルメ情報

TOKYOOISHII

　競合の多いグルメ系アカウントの中でも「東京」と地域に特化し、「5選」とまとめたことでユーザーが参考にしやすい構成になっています。サムネイルに東京の中でも具体的な地名が入っていることや、「絶対にハマる」「ここヤバイ」など思わず読みたくなるキーワードが盛り込まれているのもポイント！

06 こうき先生　Interview ▶ P.77〜

カラダの悩み解消エクササイズ動画で認知度UP！

　自分で実践できるストレッチやマッサージ、ツボ押しなど、とても参考になるアカウントです。ポップなフォントやカラーで整えられた世界観と、しっかり顔出しをされて発信していることで、「この整骨院に行ってみたい！」「こうき先生に施術してもらいたい！」と思うユーザーも多いのでは。

KOUKI.SEITAI_GRAM

07 るみるさん　Interview ▶ P.93〜

シンママの知恵と工夫の時短撮影テクニック

　本業と母親業をこなしながら、アカウント運用をしているパワフルなるみるさん。撮影や編集をルーティン化することで、だんだんと短時間でクオリティの高い投稿ができるようになったそうです。
　「これヤバイ」「ブッ込むだけ」など、思わずクリックしてしまうワードチョイスも素晴らしいです。

RUMIRU_ZUBORASHOKUDO

08 おくのまりさん　Interview ▶ P.107〜

ステキなライフスタイルを発信

　アロマ調香師としてのブランディングがとてもお上手。自撮りと物や景色写真のバランス（投稿頻度や構図の引き加減）もよく、見ていて飽きません。
　プロフィールやハイライトの構成もすっきり見やすくまとまっていて、ぜひ参考にしてほしいです！

OLIVETREE_NUOVO

09 ちーゆさん　Interview ▶ P.122〜

2投稿目でバズって会社員から独立

　衣食住に関する発信は、万人に刺さりやすく、伸びやすいジャンルですが、その分競合も多いので差別化が必要。ちーゆさんのアカウントは、他と違った角度でのノウハウ紹介を動画でわかりやすく発信されています。ついついクリックしたくなるサムネイル、そしてクリックした後も最後まで見たくなる構成になっています。

CHI.YU_

10 酒見さやかさん　Interview ▶ P.125〜

ナチュラルなスタイリングでフォロワーが変身

　ユーザーの悩みに沿ったヘアメイクの解決法を、オシャレなサムネイルと動画でわかりやすく発信されていて、リールのBefore/Afterの変化具合にも驚かされます。
　アイコンやハイライトも含め、アカウント全体のブランディングがとても美しいので参考にしてください。

SAYAKA.SAKAMI

11 GROW芦屋ヨガAyakoさん　Interview ▶ P.136〜

インスタライブで他県からも問い合わせが！

　自宅でヨガを楽しむ人にとって、レッスン配信はとても有益な情報。AYAKOさんのレッスン配信を見ると、「実際のレッスンも受けてみたい」という気持ちになります。
　アカウントの世界観もヨガをイメージさせるアースカラーやグリーン、オレンジなどを上手に使ってブランディングされています。

GROW.ASHIYA_AYAKO

12 銀座鮨あい田の女将さん Interview ▶ P.139〜

インスタライブでファンと交流

　女将さん業の傍ら、お店でのインスタライブを継続していらっしゃいます。

　インスタライブはハードルが高く感じられる方も多いようですが、15分などの短時間でOKです。女将さん曰く、認知拡大になり、お客さまとの会話のきっかけにもなっているそうです。

SUSHI_GINZA_AIDA

13 Cartonnageart（山口さん） Interview ▶ P.164〜

インスタにひと工夫でweb店舗に集客！

　インスタだけでなく、公式LINEを組み合わせてWEBショップへの誘導を上手に行われています。

　ユーザーが知りたい道具の使い方や作品作りのノウハウも紹介しているので、材料の購入から製作までの導線が整っているのがポイントです。

CARTONNAGEART

本書には13人の実例が
たっぷり紹介されています。

成功例を参考にしてインスタグラムを上手に運用しましょう！

contents

第1章 インスタグラム 最新事情

第2章 魅力的な アカウントの作り方

第3章 美しい投稿を作る画像の秘密

第4章 読まれるキャプションの書き方

第8章 初心者でもできる データ分析で戦略的に

第9章 プラスアルファの 合わせ技

第1章

インスタグラム
最新事情

インスタグラムの機能は日々
進化し、老若男女問わずユー
ザー数も増え続けています。
最新のインスタグラム事情を
知り、アカウント作りに役立
てましょう。

現在のインスタグラムの状況を知る

●インスタグラムは、画像を楽しむだけではない

　この本を手に取っているあなたは、もちろん「インスタグラム」がどんなものか、ご存じですよね。詳しく知っている方も、何となく知っているという方も、「写真を載せて楽しむSNS」というイメージをお持ちなのではないでしょうか。

　かつてのインスタグラムはご認識の通り、シンプルに写真や動画を共有して楽しむSNSでした。しかしながら、**誕生から10年以上の時を経て、現在はただの写真共有SNSではなくなりました。**

●インスタグラムの活用方法は様々

　最近のインスタグラムは、ビジネスや教養の豆知識をスライド形式で教えたり、料理のレシピや片付けの方法を伝える動画、マンガや雑誌のように楽しむ投稿、24時間限定の「ストーリーズ」、リアルタイムでコミュニケーションが取れるライブ配信など…**その機能はどんどん進化しています。**大学生などの若者はLINEではなく、メッセージツールとしてインスタのDMを使っているといいます。

　つまり、**現在のインスタグラムは、"あらゆる機能を兼ね備えた複合型のSNS"として利用されているのです。**

とはいえ、他のSNSと比較しても「ビジュアル重視のSNS」であることには間違いありません。映える写真や思わずクリックしたくなるサムネイル、ついつい見てしまう動画など、掲載する写真や動画のクオリティによって、たくさんのユーザーに見られるかどうかが変わってきます。

●ユーザーは「若者」「女性」だけではない

もうひとつ、もしかするとあなたがインスタグラムに対して抱いているイメージとして「若い女性がよく使っているSNS」というイメージもあるかもしれません。これもよくいわれていることではありますが、現在の実態は異なります。

10代（15歳〜）・20代のユーザーが多いことは事実ですが、30代では53％、40代では40％、50代では35％のユーザーに利用されています。

また男性の利用者は約40％と、ユーザーのほぼ半数。実際、私の両親は70代・80代ですが、自分で投稿することはしないものの、リールやフィード投稿を見て楽しんでいます。

インスタグラムの年齢別ユーザー数　男女比（国内）

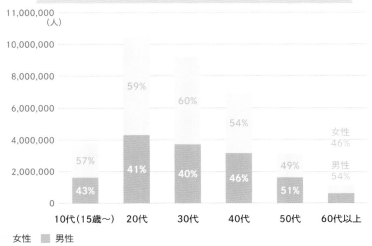

● 国内ユーザーは6000万人以上！

インスタグラムが2019年に公式に発表した国内ユーザー数は3,300万人ですが、**そこから4年が経っている2023年現在では、6,000万人以上ともいわれています。** 子どもや超高齢者などを除いたら、日本人のほとんどが利用しているといっても過言ではないでしょう。

少しだけ、これまでに抱いていたイメージが変わった！　という方もいらっしゃるのではないでしょうか。**現在のインスタグラムは、10代から60代以上まで、幅広いユーザーに利用されているSNS**なのです。

● あらゆる機能を持つSNSはインスタだけ！

インスタグラムには現在、個人だけでなく、多くの企業も参入しています。あらゆる属性のユーザーに利用されており、これだけ多くの機能を兼ね備えたSNSは他にありません。Twitterはテキスト中心ですし、YoutubeやTikTokは動画が中心です。テキストも写真も動画もライブ配信もバランスよく利用することができるSNSはインスタグラムだけなのです。

● 企業にとってインスタは必須の広告ツールに

インターネットが生活の軸になっている昨今では、ホームページがない、ネット上に出てこないサービスは、存在しないも同然です。今やインスタもその位置にきています。**インスタグラムのアカウントのないサービスは認知が広がりませんし、信頼度にも関わります。**

このことからも、特に店舗運営やサービスの提供をしている企業や個人にとって、インスタは必須のツールであるといえます。

運用のゴールを決めよう

何のためにインスタを始めるのか明確にする

インスタグラムの運用を始める前に、「**何のためにインスタグラムを運用するのか**」という**目的・ゴールを決める必要があります。**

インスタグラムは個人で楽しむこともできれば、ビジネス目的での利用をすることもできます。例えばビジネスで運用する例としては、

❶商品やサービスを多くの人に知ってもらいたい（ブランディング）

❷ECサイトに誘導したい

❸講座やセミナー、オンラインサロンなどへの集客をしたい

❹インスタの投稿を広告媒体として利用したい

❺インスタの運用代行やコンサルティング

❻社員の採用

…などが挙げられます。

目的によってアカウント設計の方針が異なるので、運用を始める前にゴールを決めておきましょう。

アカウントを開設しよう

● ビジネス用のアカウントを作ることができる

それでは早速、インスタグラムのアカウントを開設してみましょう！**すでに個人でアカウントを持っている人も、ビジネス用に別のアカウントを追加することができます。**

初めてアカウントを開設する場合は、インスタグラムのアプリをダウンロードし、「新しいアカウントを作成」をタップしたら、登録のための情報を入力していきます。

すでにアカウントがあり、別のアカウントを新たに作成したい場合は、既存のアカウントのホーム画面を開いて、一番上のユーザーネームをタップし、「アカウントを追加」を選んで登録していきます。

● ユーザーネームはわかりやすいものをつけよう

インスタグラムのユーザーネームは、自分のアカウントを表すものなので、わかりやすいものをつけましょう。

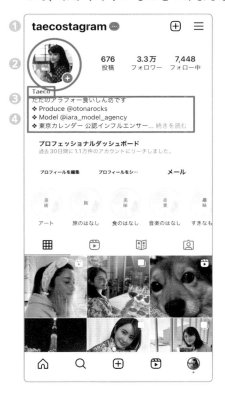

① ユーザーネーム
インスタグラム内で自分だけを表す記号。コメントやメンションにも「@○○○」のように使われる

② アイコン
アカウントを象徴するマーク

③ アカウント名
アカウントの名前。最大30文字まで入力可能

④ プロフィール
自己紹介文を入力する。最大150文字まで入力可能

アカウントの種類を 設定しよう

● ビジネスアカウントなら様々なツールが利用可能

インスタグラムには、下記の3つのアカウントの種類があります。目的によって使い分けることが大切ですが、**ビジネスでインスタグラムを使いたい場合は、プロアカウント（ビジネスアカウント）の利用がおすすめです。**

① プライベートアカウント（個人アカウント）

個人で楽しむためのアカウント。非公開にすることも可能です。

② プロアカウント（クリエイターアカウント）

クリエイターやインフルエンサーとして活動する人におすすめのアカウント。リール投稿をする際に、利用できる音楽の選択肢が増えます。

③ プロアカウント（ビジネスアカウント）

企業や店舗として利用する場合に設定することが推奨されています。

プロアカウントに切り替えると、分析機能である「インサイト」の閲覧や、広告出稿ができるようになるなど、様々なビジネス向けの機能が追加されます。個人アカウントでは利用できず、プロアカウントで利用できる機能は次の通りです。

■インサイト（分析機能）の利用

● ショップの開設

● アカウントカテゴリの設定

● プロフィールに「予約する」「電話する」「地図を表示」等の
　アクションボタンの設置

● 広告の利用

● アカウント閲覧制限（最低年齢の設定）

● チャットの返信テンプレート

● チャット上での「よくある質問」設定

● 認証アカウントのリクエスト　　など

　これらの機能を利用したい場合は、プロアカウントを利用しましょう。
　なお、プロアカウントとプライベートアカウントとの切り替えは、「アカウント設定」の「アカウントタイプを切り替え」から、いつでも簡単に変更することができます。ただし、ビジネスアカウントではリールで使える音源がとても少ないという特徴もあります。

インスタグラムの見方に慣れよう

● ホーム画面を見てみよう

インスタグラムは、SNSの中でもとりわけ様々な機能が充実しています。ここでは各機能と基本的な使い方について、紹介していきます。まずは「ホーム画面」を見ていきましょう。

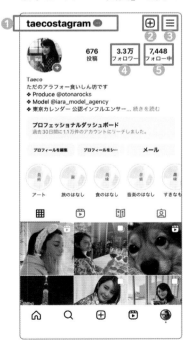

❶ユーザーネーム
複数アカウントを運営している場合、ここをタップすることでアカウントの切り替えができる

❷投稿ボタン
ここをタップするとフィード投稿、リール、ライブ配信など様々な投稿ができる

❸設定など
アカウントの設定や、保存済みの投稿、インサイトなどを見ることができる

❹フォロワー
あなたのアカウントをフォローしている人の数

❺フォロー中
あなたがフォローしているアカウントの数

●インスタグラムでの発信方法は4種類

　インスタグラムでは現在主に4つの方法で発信することができます。詳しくは各章で説明していきます。

❶フィード投稿（→P58）

　ホーム画面に並ぶ、基本的な投稿方法。写真または動画を最大10枚一緒に投稿でき、複数枚の写真や動画を投稿することを「カルーセル投稿」と呼びます。写真や動画と一緒に「キャプション」と呼ばれるテキストを合わせて投稿することができます。

❷ストーリーズ投稿（→P98）

　通常のフィード投稿とは別に、画像や動画を投稿できる機能で、**投稿後24時間で自動的に表示が消える投稿形式。**ストーリーズを投稿すると、アイコンが光り、閲覧すると消えます。動画は最大60秒まで投稿することができます。60秒の動画をストーリーズに投稿した場合、自動的に15秒ずつ4分割されます。

❸リール投稿（→P112）

　最大90秒のショートムービーを投稿できる機能。 リール内の機能を使って動画をカットしたり、つなぎ合わせたり、音楽をつけたりなどひと通りの編集が可能です。

❹インスタライブ（→P130）

　ライブ配信（生放送）ができる機能。最大で4アカウントまで同時に接続してコラボ配信を実施することもできます。

　ライブ配信時は、発信者と閲覧者がコメントなどでリアルタイムにコミュニケーションをとることができます。

❸ 　❹

● 閲覧機能の基本

アカウントを運用する上では、他の人のアカウントの投稿を見るのも大切です。自分の投稿が誰に、どのように見られるのかを知っておきましょう。

❶ ホーム画面（タイムライン）

基本的には、**自分がフォローしているアカウントの新しい投稿が表示されます。**また、インスタグラムのAIが、あなたがフォローしているアカウントや普段よく見ているアカウントの属性を学習し、おすすめしてくれる投稿も同時に表示されます。

❷ 発見タブ

基本的には自分がフォローしていないアカウントの投稿が表示されます。ホーム画面と同様に、インスタのAIがあなたの普段の使用状況を学習し、それに基づいてレコメンドしてくれている投稿が表示されています。

❸ リールタブ

他のユーザーが投稿しているリール投稿を閲覧することができます。フォローしている、していないに関わらず、インスタAIがあなたの普段の使用状況から学習したデータに基づき、おすすめの投稿がランダムに表示されます。

どんなアカウントが伸びる?

● 伸びるアカウントには特長がある

　どんなSNSにおいてもいえることですが、**「芸能人でもないのに伸びている(フォロワー数の多い)アカウント」と、「フォロワー数が少ない、あまり伸びていないアカウント」が存在します。**

　何も考えずにアカウント運用を始めると、大半が後者の「伸びないアカウント」になり、投稿してもあまり見られずに、心が折れて途中でやめてしまう…という沼に陥る方がたくさんいます。

　私はこれまでにたくさんのアカウントを見てきましたが、その中でもどんどんフォロワー数を伸ばしているアカウントには特長があります。

　「このアカウントの情報を見逃したくない」「自分に有益な情報を投稿してくれそう」と思ってもらうことがフォローにつながります。

① プロフィールが魅力的

　ユーザーは、「フォローしようか、どうしようか」と考えるとき、**7割がプロフィールを見て離脱するといわれています。** プロフィールをきちんと設定しておくだけでも、伸びやすさが全く異なります。

　アカウントの顔である、アイコン画像も忘れてはいけません。アイコンが未設定になっているだけで、「まだ立ち上げたばかりなのかな」「プライベートだけで使っているのかな」「裏アカウントなのかな」というネガティブなイメージを持たれ、ほとんど伸びていかないでしょう。どんな画像を設定するか吟味して、きちんと設定する必要があります。

676	3.3万	7,448
投稿	フォロワー	フォロー中

Taeco
ただのアラフォー食いしん坊です
❖ Produce @otonarocks
❖ Model @iara_model_agency
❖ 東京カレンダー 公認インフルエンサー
❖ ozmall 東京女子部
生息 ▷ 東京周辺
仕事 ▷ SNSディレクター
好き ▷ 音楽・アート・温泉

パッと見たときに「気になる！」と思わせるプロフィールを作成しましょう

❷思わず保存したくなる投稿（情報）がある

　インスタグラムを運用する上で、気にしがちなのが「いいね」の数です。「いいね」がたくさんもらえれば嬉しいですし、あまり集まらなければガッカリ…と、「いいね」の数で一喜一憂する方は多いのではないでしょうか。しかしながら、現在、**インスタを運用する上で重要なポイントは、「いいね」よりも、「保存」をどれだけ獲得できたか、という点です。**

　誰かの投稿に「いいね」をするとき、皆さんは、
「知り合いの投稿が上がってきた！」
「わぁ、キレイな写真！」
「かわいいワンちゃん！」
と、投稿内容をじっくり読む前に「いいね」をしていませんか？

　それに比べて、「保存」は気軽には押さないですよね。投稿をじっくり読み込んで、なお、「後でもう一度見返したい」と思って初めて「保存」を押すはずです。

このことから、**インスタグラム側も「いいね」より「保存」の数が多い投稿を「良質な投稿」と判断し、オススメに表示させたり、レコメンドしたりするのです。**

　「保存」の数が多い投稿＝皆が参考にしたい、見返したいと思っている投稿であり、このような質の高い投稿が多いアカウントは、「フォローしよう」という意欲にもつながりやすく、どんどん伸びていきます。

　このように、インスタグラムが「質が高い」と判断した投稿を他ユーザーにおすすめとして表示したり、発見タブに掲載されたりする仕組みのことを「アルゴリズム」といいます。このアルゴリズムを理解した上でインスタを運用することが数値を伸ばすポイントです。

❸ギャップ、共感が感じられる

　「60歳なのに、30歳の見た目！」「おじさんなのにダンスが上手！」といった“ギャップ”や、「あるある、そうだよね、分かる〜」と“共感”を感じられる内容は、人々の興味を引くことができます。皆さんも、このような内容の投稿はついついタップしてしまうのではないでしょうか？

　アカウント設計をする中で、このような**ギャップや共感を与えられそうなことがあれば、ぜひ積極的に取り入れてみてください。**

続けられる仕組みを作ろう

● SNS運用の鍵は、一に「継続」二に「継続」

インスタグラムに関わらず、SNSで最も大切なことは「継続」です。**どんなアカウントでも、継続さえしていれば、いつかは伸びていきます。**

ただその伸び方は様々で、2週間で1万フォロワーを達成するアカウントもあれば、2年、3年かけて、やっと1000フォロワーを獲得するアカウントもあります。アカウント設計やジャンル、投稿頻度などによって伸び方は異なります。

●アカウントが伸びることがモチベーションに

どんどん伸びるアカウントは、継続するモチベーションを保ちやすいですが、伸びにくいアカウントを運用している場合、心が折れて継続をやめてしまう方が多いのが現状です。

ここを乗り越えるためには、

●**インスタグラムのアルゴリズムだけではなく、自分のアルゴリズムも大切にする**

●**インスタグラムを楽しむ**

という2点が重要です。

インスタグラムのアルゴリズム上では、「毎日投稿するのがよい」といわれていますが、SNSを運用するにあたっては、発信者であるあなた自身の生活の中に取り入れてやっていく以上、**「あなた自身のアルゴリズム」も重要です。**

本業があり、さらに家事もやらなくてはいけない。その中でネタを探し、画像や動画を編集し、文章を考えて投稿するのはとても大変です。インスタグラムへの投稿が「やらなきゃならないもの」になってしまうと、インスタを楽しむどころか、苦行のようになってしまいます。そうなってくると、継続は難しくなります。

あなたが無理なく運用を継続できるペースが3日に1回なのであれば、毎日投稿する必要はありません。もちろん1ヵ月に1回…などの少ない回数になってしまうと、それはそれで運用が難しくなってきますが、最低週1〜2回の頻度で投稿ができるようであれば問題ありません。**大切なのは、量よりも質です。**

もちろん楽しく**毎日投稿ができれば、一番理想的です。**自分の生活と健康を守りながら、無理なくインスタグラムを楽しんでいきましょう！

Interview 01 硬軟取り混ぜたセレクトが魅力の
読書アカウント

やまてつ
心に刺さる本紹介

@ yamate2.book

会社役員として週6日勤務しながら毎日の読書記録を投稿。
これまでに読んだ3,000冊の中から心に残った本を厳選して紹介!

Q いつ頃からインスタを始めましたか?

A. 一昨年(2021年)の8月から始めました。

Q 投稿頻度はどれくらい?

A. 毎日、夜に欠かさず投稿しています。

Q 投稿を継続するために、工夫したことはありますか?

A. ハッシュタグやキャプションはそんなに重要ではないと考えているので、コピペで使い回すようにしています。

100点を目指すと時間がかかってしまうので、20分くらいで作れて70点取れるフォーマットを固めました。

またネタ作りのため、1日最低20分は読書をしています。

フィードには読みたくなるキャッチコピーがズラリ！

Q **インスタを運用する上で工夫していることはありますか？**

A. いかに1枚目に力を注ぐか、だと思います。ワード選びやリサーチなどは少し時間をかけてでもしっかりやるようにしています。

Q **どんな成長曲線でしたか？**

A. 最初の2ヵ月でフォロワーが1,000人になりましたが、その後は伸び悩み、半年くらいは1,000人のままでした。それまでは本の要約を投稿していたんですが、本の紹介に切り替えてから少しずつ伸び始めて、2ヵ月で一気に1万人までいきました。

毎日投稿を続けているやまてつさん。フィード投稿をフォーマット化したことで、30分以内で作ることができるようになったそう

Q インスタ運用の目標はありますか?

A. フォロワー10万人を突破したいということと、このアカウントから月に30〜50万円ほど収益化したいと思っています。

■ 使っている道具・アプリ
　編集…iPad、Canva、CapCut（動画）
■ 特に反響のあった投稿
　「知識量が爆増」 というタイトルの投稿

アカウント立ち上げ
直後は複数投稿を

　P32でも述べましたが、インスタグラムへの投稿は自分のペースを大切にするのが継続のポイントだと思っています。

　とはいえ、アカウントを立ち上げてすぐは、できれば集中的に投稿して、まずは1画面を埋めるように意識するほうがよいでしょう。せっかくよい投稿をしても、プロフィール画面を開いたときに投稿数が少ないと、「まだ情報が少ないアカウント」「どんなアカウントかわからない」と思われ、フォローに結びつきづらくなります。

　まずはプロフィール画面を埋めることを意識して、9〜12投稿をあまり時間の間隔を空けないように投稿してみてください。自己紹介のつもりで、このアカウントがどんなものかアピールできるようなネタを選びましょう。

　また、インスタグラムにあまり慣れていないときは、投稿してからミスに気づいたり、「思っていたのと違った！」ということもよくあります。キャプション部分ならば後で変更もできますが、画像の差し替えはできません。

　そのため、テスト用の非公開アカウントを作っておくのもおすすめ。まずはテスト用アカウントに投稿して、どのように見えるかをチェックしておくとミスを減らすことができます。

　ただし、インスタグラム上に同じ記事が複数存在すると、リーチが伸びにくいといわれています。テストアカウントであっても同様のためテストアカウントにアップした投稿については、本投稿する前に削除することをおすすめします。

第2章

魅力的な
アカウントの作り方

まずはアカウント設計からスタート。多くのファンを集めるアカウントには特長があります。自分のアカウントの方向性やデザインなどを整え、魅力的なアカウントを作りましょう。

プロフィールを作ろう

● どんなアカウントにしたいか決める

インスタ運用の目的やゴールを決めたら、早速どんなアカウント作りをしていくか、具体的に決めていきましょう！

①アイコンはアカウントの顔になる

アイコンは、アカウントの顔となる部分です。できるだけ覚えてもらいやすいものにしましょう。

・顔写真

顔出しは必須ではありませんが、顔がわかると人柄が伝わり、親近感がわきやすくなります。料理系のアカウントであればエプロン姿の写真を使用するなど、**発信内容に合わせたアイコンを使用すると、どんなアカウントなのかを判断しやすくなります。**

・イラストや似顔絵

写真に抵抗があれば、イラストや似顔絵などでもOK。**テイストや色味をアカウント全体の世界観と合わせましょう。**「ココナラ」などスキルマーケットのサイトでイラストをオーダーしている人もたくさんいます。

・お店のロゴ

　イラストのロゴであれば問題ないですが、文字は小さいと見づらくなります。スマホで見た場合の見やすさ、バランスを大切にしましょう。

写真でもイラストでも、パッと見て分かるようなものを設定しましょう。個人で何かを教えるようなアカウントは顔出しするのがベター

②アカウント名に「検索されたいワード」を入れる

　アカウント名は、インスタグラム内の検索に引っかかる部分なので、「〇〇ベーカリー / 行列のできる食パン」など、**名前だけでなく、検索されたいワードを一緒に掲載すると効果的です。**最大30文字まで入力できますが、MAXまで入れてしまうとアカウント名が2行になり、見づらくなるので注意しましょう。

　アカウント名の部分は2回変更すると、次に変更するには14日間空けなければいけないので、よく考えてから入力してください。

ショーマン✈国内の映え旅情報	銀座鮨あい田女将
酒見さやか　ヘアメイク＆スタイリスト	東京5選グルメ

アカウント名だけで、どんなアカウントかがわかるように工夫しましょう

③プロフィール文はフォロワーを増やすツールとなる

　1章（→P28）でも述べましたが、アカウントを伸ばしていくためには、プロフィールを整えておくことが大切です。フォロワーを増やす動線として、

　　発見タブや、ハッシュタグ検索で、投稿を見つけてもらう
　　↓
　　「他にはどんな投稿があるのかな？」と、
　　アカウントのプロフィールに飛ぶ
　　↓
　　プロフィールが魅力的なのでフォローする

　という流れを作りましょう。**発見タブで投稿がおすすめされても、プロフィールが魅力的でなければフォローにつながりません。**

● よいプロフィール作りのポイント

①瞬時に発信内容がわかる

「このアカウントは○○について発信しているんだな」ということがすぐにわからなければなりません。 プロフィール文の中でそれが判断できるよう、わかりやすい言葉を入れましょう。

また、文章が横いっぱいに広がっていると、一目見て「長い！」と感じられてしまいます。

1行あたりの文字数は15～20字前後に収めて、適度に改行を挟むことも重要です。

②権威性がある

「年間○○○人をサポート」「○○賞受賞」など、何か権威性を謳えることがあれば、ぜひそのことについても触れましょう。

③親近感を感じさせる一言がある

「3歳・5歳 2児のママ」「トイプードルと2人暮らし」「趣味：ランニング」など、親しみを持ってもらえるような言葉を入れておくのもおすすめ。あなたの人となりを感じ、親近感を持ってもらうことができます。

以上の3つのポイントをおさえた上で、**「です」「ます」「、」「。」などは極力抜いて、箇条書きにすることをおすすめ**します。

また、スマホで見た場合、プロフィール文は上から4行目までしか表示されず、それ以降は「続きを読む」で折りたたまれてしまいます。

そのためアカウントのコンセプトや伝えたいことは、上から4行以内に入力しましょう。

プロフィール例

kaori｜○○市ネイルサロン｜大人かわいい｜ニュアンス
ネイルサロン「△△△△」
📍○○駅○番出口　徒歩3分
おとなかわいい、シンプルなデザインが得意。
爪にお悩みのある方もお気軽にご相談ください。
・
🍀ネイリスト歴12年
🍀ネイリスト検定1級
・
open 11:00〜close 20:30
ご予約はリンクから✍
🔗 xxxxxxx.jp

kaori｜○○市ネイルサロン｜大人かわいい｜ニュアンス
ネイルサロン「△△△△」
📍○○駅○番出口　徒歩3分
おとなかわいい、シンプルなデザインが得意。
爪にお悩みのある方もお気軽にご相談ください... 続きを読む
🔗 xxxxxxx.jp

折りたたまれても必要な情報が見えるように
工夫しましょう

④HPはプロフィールからリンクさせる

インスタグラム内でリンクを挿入できるメインの部分は、プロフィールのURL欄です。**インスタグラム以外のSNSのアカウントや、HPなど複数を掲載したい場合は、「リットリンク」または「リンクツリー」などのリンクまとめサービスを活用しましょう。**

無料で使用できる上、画像やテキストなどを編集して、簡易的なHPのような形に仕上げることができます。

発信テーマを決める

● 具体的な発信テーマを決める

インスタグラムを始めよう、と決めた時点で、例えば「お店のアカウントを作ろう」というような、大枠の内容は決定していると思いますが、そこから、より具体的な発信テーマを決めていきます。

たとえば提供しているサービスについて、スタッフ紹介、お客様の声の紹介などです。まずは思いつくだけ考えてみましょう。

● 一方的な発信にならないことを意識する

投稿内容を決める際に意識したいのは、一方的な発信だけにならないようにするという点です。

個人アカウントでも企業アカウントでも、「自分が発信したいことを投稿する」というのが SNS です。しかしながら、ユーザー目線に立ったとき、厳しいようですが、**最初の段階では「誰もあなたのアカウントに興味を持っていない状態である」という認識を持たなければなりません。**

ですから、こちらから発信したいことだけでなく、**"ユーザーが欲しい情報"を提供できるようなコンテンツ作りを目指すことが大切です。**

例えば旅行アカウントであれば、**自分が旅に行った感想だけではなく、交通経路やホテルの住所、価格帯なども合わせて掲載する**と、その投稿を見る人にとって役立つものとなります。

2018年ごろまでは一方通行の発信を大量に、とにかく発信することでフォロワーが増えていく、ということもありました。しかし、現在のインスタグラムでは、ユーザー目線のない投稿ではなかなか伸びていきません。

こちらから価値を提供し、何かしらのアクションをしてもらうことで双方向のコミュニケーションを図っていきましょう。

「○○○5選」といったまとめ投稿や、「レシピ」「○○の仕方」「作り方」などのノウハウ系の投稿などはユーザーにとって分かりやすく、目にとまりやすいのでおすすめです。

見てくれる人の役に立つような情報発信がアカウントを伸ばすポイントです

ペルソナを決める

● ペルソナを決めることで世界観が出来上がる

「ペルソナ」とは、あなたの発信を**「どこの誰に読んでもらいたいのか」という具体的な人物像**をいいます。これを決めておかないと、後々発信の方向性がブレていってしまいます。

ペルソナは、「30〜40代の女性」といった幅広い像ではなく、「30歳の山田花子さん、あだ名は花ちゃんと呼ばれ女友達が多い、中高は女子校で、大学は○○大学を卒業、年収は400万円、未婚、休日は買い物をしたり、家で映画を見たりして過ごす」など、超具体的な「とある1人の人物」を描きます。

より詳しい設定を立てれば立てるほど、投稿内容やデザインで迷ったときに「花ちゃんだったらこの投稿を見るかな？」という視点に立つことができ、ブレなく運用を進めることができます。

● ペルソナの設計例

美容情報アカウントのペルソナ例

画像提供／PIXTA

名前：井上玲奈　　あだな：レナ　　年齢：26歳

最終学歴・学校名：○○大学　　　仕事：IT企業の広報

会社の場所：新宿

住んでいる場所：荻窪駅から徒歩7分

年収：400万円　　　　　家族：両親、弟

婚姻：未婚・実家暮らし　付き合って1年になる彼氏がいる

友人：男女問わず友人が多い（大学時代の友人や、会社の同期など）

趣味：SNSや雑誌で美容情報を集める

好きな食べ物：和食、生牡蠣

休日の過ごし方：英会話のレッスン、彼氏と出かける

よく読む雑誌：「Oggi」「CLASSY.」

よく見るメディア：Netflixで話題のドラマを見る

最近の悩み：周りが結婚ラッシュだけど、自分はまだその気になれない

好きなファッション：甘すぎない色味のワンピースなど、女性らしい服装が好き

● ペルソナ設定のワークシート

　あなたのアカウントのペルソナを作成してみましょう。以下のワークシートに書き込んだり、参考になるような画像を集めたりして、楽しみながら作ってみてください。

＊アカウントのコンセプト

＊ペルソナ

名前：　　　　　　　　　　　　　あだな：

年齢：　　　　　　　　　　　　　最終学歴・学校名：

仕事：

会社の場所：　　　　　　　　　　住んでいる場所：

年収：　　　　　　　　　　　家族：　　　　婚姻：

友人：

趣味：

好きな食べ物：

休日の過ごし方：

よく読む雑誌：　　　　　　　　　よく見るメディア：

最近の悩み：

好きなファッション：

デザインを決める

● 基本のデザインを決めよう

アカウント設計の中で、一番時間のかかるのがデザインです。しばらく運用してみて、「やっぱりこういう方がよいな」となれば、途中で変更することもあるでしょう。それだけピタッとハマるデザインを見つけていくのは大変なことですが、まずは最初の形を決めていきましょう。

❶画像をベースにするのか、画像への文字入れをベースにするのか
❷アイコンやハイライトを含めた全体のテーマカラーを決める

大きくはこの2点を決めていく必要があります。

列や行でカラーやデザインを揃えたり、**画像に外枠をつけるだけでも統一感がでてきます。**

デザインに迷ったときは、競合で、かつ人気のあるアカウントをリサーチしてみましょう。**ペルソナが読みそうな雑誌の表紙のデザインや色使いを参考にするのもおすすめ。**

特に複数人でアカウントを運営する場合は、ペルソナをしっかり共有できていないと、統一感がなくなっていくので注意しましょう。

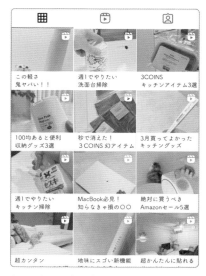

ちーゆさん　白やグレーを基調としたデザインは男女問わず受け入れられます

やまてつさん　木目調で統一されているため、文字や本の表紙画像が映えます

ショーマンさん　旅先の画像は様々でも、文字の入れ方に統一感が感じられます

こうき先生　親しみやすいフォントが特徴的。どんな投稿なのかが一目瞭然です

トンマナを揃えよう

● 世界観に合わせて色や書体を統一しよう

「トンマナ」とは、トーン（tone/色調）・マナー（manner/作風）の略語で、デザインの色味やスタイルなどのことを指します。

P48でも紹介したように、アイコンやハイライト（→P105）、投稿している画像のデザインに統一感を出すと読みやすく、整ったアカウントになります。

また使用するフォント（書体）も2種類程度に絞り、たくさんのフォントが混在しないように意識しましょう。

画像を加工する際も同じフィルターを使うと画像のトーンが揃います

SABO / 美髪 / 恵比寿 / 東京 / ヘアサロン / オーガニック / エシカル

SABO
fantasic hair salon

@sabohairsalon

東京・恵比寿に店舗を構える美容室。オーガニックにこだわった、髪にも環境にも優しいヘアサロンのオーナー・カワハラサユリさんに、お話をうかがいました。

Q　いつ頃からインスタを始めましたか?

A. インスタを始めたのは10年ほど前からです。最初は使い方もよくわかっておらず、投稿もとっちらかっていました。一昨年くらいに全ての投稿を消して、世界観を統一し始めました。

Q　インスタを運用する上で気をつけていることはありますか?

A. 「オーガニック」な雰囲気が伝わるように、デザインの色味にはこだわっています。スタッフの誰が投稿を作っても同じ雰囲気になるように心がけています。

Q　インスタを運用の目標はありますか?

A. 目標としては、インスタからの予約が入るようになることです。フォロワー数については多くは必要ないかと思っていて、SABOに行ってみたいと思っていただけるような、濃いつながりの方を増やしたいです。

お店の世界観に合わせ、フィードは左にお店の情報、真ん中にスタイル、右に美髪が並ぶように投稿している。

投稿を継続するために、苦労したことはありますか?

A. 投稿はモデルさんを使ったヘアスタイルの紹介、店舗の紹介、お客様の紹介と、3つの軸で発信しているのですが、中でも一番大変なのはヘアスタイル紹介で、モデルさんを探すのが大変です。インスタから条件の合う方を探してスカウトしていますが、見つけるのにとても時間がかかります。

　真似したくなるヘアと素敵なモデルの画像が並ぶ。「どこで探してくるの？」と同業者によく聞かれますと、オーナーのカワハラさん

■ **使っている道具・アプリ**

　　撮影…iPhone

　　編集…Photoshopのアプリ、ULike、BeautyPlus、Canva、CapCut

■ **特に反響のあった投稿**

　　2022年のベストまとめの投稿

もんちゃん／
ハンドメイド作品の撮り方

@mon_de_camera

本職はプロのカメラマン。"ハンドメイド作家さんに向けた作品の撮影方法"に特化したリール投稿が大バズり！　手軽な100均グッズを使っているのも人気の秘密。

Q いつ頃からインスタを始めましたか?

A. インスタを始めたのは2011年で、アカウントを開設したのが2021年の4月からです。カメラマンなので、元々は写真ベースでアップしていましたが、リールが搭載されて以降はリールを中心に投稿しています。最初はプロ根性が邪魔をして、パソコンの動画編集ソフトで編集していたんですが、投稿頻度が落ちてしまって……。できるだけ気軽に撮って投稿頻度を上げようと思い、スマホでサクっと撮って投稿する形にしました。

Q 投稿を継続する上でのコツはありますか?

A. ずばり、「気合いと根性」です！（笑）
「この時間は、これをする！」と決めればできちゃうものです。私のフォロワーさんはハンドメイド作家のママさんが多いんですが、私の投稿を見て、撮影のノウハウを学んで笑顔になってくださっている。そのママさん達の笑顔が、モチベーションになっています。

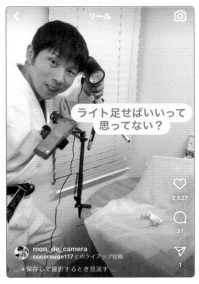

すぐに使いたくなるテクニックばかり

Q 「ハンドメイド作品の撮影方法」という**ニッチなジャンル**を選んだきっかけは?

A. なにげなくインスタライブをやったときに、見てくださった方の中にハンドメイド作家さんがいて。色々お話してみると、撮影に悩んでいる方が多いということを知りました。そういう方達が喜んでくださるような内容に変えていこう！ と思ったのがきっかけでした。

Q 1投稿作るのに**どれくらいの時間**がかかりますか?

A. 投稿はほぼリールのみ、1時間前後くらいです。

フィードにはハンドメイド作家さんの作品の撮り方を中心とした役立つ情報が並んでいる

Q インスタを運用する上で気をつけていることは何ですか?

A. プロ目線ではなく、「初心者目線で、誰にでもわかりやすいように」という点を意識して運用しています。

　ただ、わかりやすい説明をしつつも、以前から見ていただいている常連さんにも満足してもらえるように、応用編も発信しています。

■ **使っている道具・アプリ**
インスタライブ…三脚、マイク、撮影ノウハウに使用する100均グッズ
投稿の編集…主にインスタ内の編集機能、Canva
■ **特に反響のあった投稿**
100均のまな板を使った撮影法のリール

第3章

美しい投稿を作る
画像の秘密

インスタグラムの基本となるフィード投稿のポイントを押さえましょう。思わず保存したくなるような投稿を作るにはコツがあります。ちょっとした工夫が回遊性を高め、ファンを増やすきっかけに。

step
1

フィード投稿の
基本を知ろう

●「読みたくなる投稿」を作ろう

インスタグラムは基本的に文字だけで投稿することができないので、まずは画像を用意する必要があります。2章で設定したペルソナ（→P47）を意識し、思わず読みたくなるような投稿を作りましょう。

●フィード投稿はインスタの基本

インスタグラムでの投稿で基本となるのは「フィード投稿」。**ひとつの投稿につき最大10枚まで画像を使うことができます。**まずはフィード投稿から慣れていきましょう。

投稿の使い分け（例）

- ●フィード投稿　　しっかり内容を読んでもらいたい記事、何枚もの画像をアップしたいときに使う
- ●ストーリーズ　　フィードの世界観とはちょっと違ったものや、プライベートの画像をアップする
- ●リール　使い方など動画で見せたいもの、フォロワーを増やすためにバズらせたいものをアップする

■フィード投稿の方法

① 投稿画面で「投稿」を選び、画像を選ぶ
② 画像のサイズを切り替える
③ 複数枚選ぶ
④ 画像を選択し終わったら、「次へ」をタップし、キャプションなどを入れ、「シェア」をタップして完了

●画像の再アップはできないので注意

　投稿を修正したいときは、投稿を開いて「…」をタップし、「編集」を選べばキャプションを書き直すことができます。ただし、**画像は一度アップすると変更ができないので注意**（画像5枚のうち1枚を削除するなどは可能）。画像の順番を間違えてしまったり、1枚アップし忘れたりということはよくあります。削除して投稿し直すことはもちろん可能ですが、せっかくついた「いいね」やコメントも消えてしまうので、投稿する前にしっかり確認するようにしてください。

保存したくなる
投稿を目指そう

● 保存件数の多い投稿ほど評価される

2章でも述べましたが、「いいね」の数よりも、「保存」された件数の多い投稿ほど、インスタグラムから「質の高い投稿」として評価され、フィードの上位に表示されたり、発見タブに表示される可能性が高くなります。

● 保存したくなる投稿を目指そう！

インスタグラムで「保存」をしたことのある方は、今までどんな投稿を保存しているかチェックしてみましょう。（ホーム画面の右上の三本線をタップし、「保存済み」のところを見てください）

「こんな便利な方法があったんだ！」「これ知らなかった！」という情報、作ってみたいと思ったレシピ、今度やろうと思ったトレーニング、友だちに見せたくなるような面白い動画やきれいな写真など、自分にとって有益でワクワクするような情報が蓄

「⊓」のアイコンをタップすると保存することができる

積されているはずです。

　**ですから、そういった投稿ができれば、自然に保存してくれる
ユーザーが増え、アカウントが伸びていきます。**自分にとっては
当たり前と思っていることでも、他人からすると有益な情報になること
も多いですよ。

●画像の1枚目は戦略的に選ぼう

　発見タブでは画像の1枚目が表示されます。他のユーザーが見たとき
に一瞬で、「気になる！」と思わせないと、投稿は見てもらえないので、
1枚目の画像はとことんこだわりましょう。

　写真の撮り方は、人気アカウントの投稿を研究しているとわかるよう
になります。まずは何枚も写真を撮って、よいものを選びましょう。

■失敗しない撮り方の例

商品はテーブルに置くのもOKですが、手に持って撮るとサイズ感もわかりやすい

映えそうな画像は撮っておくとあとで使いやすい

コーデ紹介など自分を入れる場合は複数の
アングルで撮ると◎

誰かに撮ってもらうことで自然な表情に。また、
余白を多く撮っておくと文字も入れやすい

● 実は縦長画像が推奨されている

　インスタの画像というと、正方形のイメージが強いですが、実は推奨

されているのは4：5の縦長画像。意識して
見てみると、インスタグラマーの多くは縦
長の画像を使っていることに気づくでしょ
う。

■ iPhone での画像サイズの変更方法

サイズを変更したい画像を選んで「編集」をタップ。❶、
❷の順にタップしたら❸、❹をタップします。「自由形式」
が選択されている場合は、いったん❺の「オリジナル」
をタップしてから選択し直してください

　ですから、特にこだわりがなければ4：5の縦長での投稿を基本にしましょう。横位置で撮影したものを縦にトリミングすると、切れてしまうので、はじめから縦で撮るようにしてください。

●1枚目の画像は文字を入れる場所に注意

　縦長画像の投稿が推奨されているとはいえ、現在のところホーム画面では正方形で配置されるようになっています。そのため、**1枚目の画像にキャッチコピーなどの文字を入れる場合は、正方形になっても切れてしまわないように調整しましょう。**

ショーマンさんの例。縦長画像の方には上に「月に"600万人"に見られる旅アカウント」下に「アカウント名」を配置しています。ホーム画面で見る際は投稿のキャッチコピーだけが見えるように工夫されています

記事型の投稿に
チャレンジしよう

● 記事型投稿が主流の時代に

　これから投稿を始めようとするアカウントであれば、この投稿にはどんな情報が書かれているのかが一目でわかるように**画像にキャッチコピーを入れたり、文章を入れたりするのがおすすめです。**

■画像だけの投稿例

■記事型の投稿例

左のSABOさんのような世界観は画像だけでも目を引きます。記事型を選ぶかは、アカウントの伝えたいことによって使い分けをしましょう

●アプリを使って文字入れしよう

　絶景や旅のアカウントであれば、画像だけの投稿でも、思わず保存したくなります。文字を入れないことで海外からのフォローを見込むこともできます。一方、ライフハック系の投稿なら、キャッチコピーを入れることで内容が一目瞭然になります。

　文字入れができるアプリの代表は「Phonto」と「Canva」。初心者には、「Canva」の方が使いやすいと思います。

　どんなフォント（書体）を使うかで大きく印象は変わるため、**設定したペルソナが読みそうな雑誌などの色使いやフォントを参考にしてください。**また、今現在のトレンドに沿うのがベター。バズっているアカウントをリサーチするのも大切です。

■代表的なフォントの例

●ゴシック系のフォント……太字にするとインパクトがある

○○**な人必見！**

●丸ゴシック系のフォント……女性的な印象を与えられる

○○な人必見！

●手書き風フォント……親しみやすい印象に。ただし、全部を手書きフォントにするとくどい場合も

○○な人必見！

●明朝系のフォント……大人っぽく上品な印象に

○○**な人必見！**

●文字の加工でインパクトを強める

◉囲み文字

◉袋文字

　やりすぎるとくどくなり、見づらくなるのでポイント使いをしましょう。

インパクトのある文字で思わず見たくなる

●テンプレートの使いすぎに注意

　Canvaを使って画像を作っている人も多いですが、もともと入っている**テンプレートをそのまま使うと「いかにも」な印象となり、飽きられてしまうことも。**作り方がよくわからなくても、フォントだけは変える、色味を変えるなど、自分のオリジナリティを出すようにしましょう。

Canvaには無料で使えるテンプレートがたくさんありますが、少し変えて使うようにしましょう

キャッチコピーを考えよう

● 記事型投稿はキャッチコピーが重要

　記事型の投稿の場合、1枚目の画像にキャッチコピーやタイトルを入れることがほとんどだと思います。過剰な煽りはユーザーが「だまされた！」と感じてしまうため逆効果ですが、**普通すぎても興味を持ってもらえません。**インスタ内のトレンドの言葉をうまく活用しながら、インパクトのあるキャッチコピーを作ってみてください。

● まずは定番のキャッチコピーを使ってみる

　キャッチコピーもペルソナを意識することが大前提。ふわっとした女性に向けた世界観なのに、強すぎるワードを持ってくるとチグハグな印象になってしまいます。**言葉選びも、ペルソナが好むような雑誌を参考にしてみるとよいでしょう。**インスタでよく使われるフレーズの一例をご紹介します。

● ターゲットをより細分化する

　「美肌になる」→「ニキビでお悩みの方に」「シワが気になる方に」のように、より細分化させることで、共感を得やすくなります。「奥二重の人にぴったりの○○」「排水溝の掃除術」のような細かいネタもヒットしやすいです。

⬤ 具体的な数字を出す

「節約できる」というフレーズよりも、「4人家族で食費月〇万！」のように具体的な数字を出すとわかりやすく、インパクトも大。また、ウェブ記事では定番の「〇〇するコツ〇選」「気をつけたいこと〇個」のようなフレーズも使いやすいのでおすすめ。

⬤ ドキッとさせるフレーズ

「知らないの？」「知らない人は損してるかも？」「9割の人は知らない」のようなフレーズは、「損をしたくない」という心理に働きかけることができます。

⬤ リアルさを出すフレーズ

「〇年で〇円貯めた！」「買ってよかった〇〇なアイテム」「私が〇〇を使う理由」「私が〇〇になるまで」のようなフレーズは、リアル感があり、つい読みたくなる効果があります。

思わず読みたくなるキャッチフレーズの例

「京都」と「5千円以下」というギャップ、「ブッ飛ぶ旨さ!!」「役立ちすぎてやばかった」など強フレーズで思わず読みたくなります

CTA画像を用意しよう

● 投稿の最後の1枚でアクションを促す

　CTA は「Call To Action」の略語で、インスタグラムでは「サンクスページ」といわれることもあります。何のことかわからないという人も、P70のような画像を見たことがあるのではないでしょうか。**投稿の最後にCTA画像を入れ、ユーザーに「フォロー」や「いいね」「保存」「コメント」を促しましょう。**

　ただし、あれもこれもと欲張って入れてしまうのはNG。2〜3個くらいまでの要素にとどめて、アクションしやすい画像に仕上げましょう。「Canva」などのアプリで作成するのが一般的です。

CTA画像に入れる要素の例

● プロフィール

　ホーム画面のプロフィール欄に入れているような簡潔なプロフィールを入れ、「発見タブ」から来てくれた人にフォローを促します。

●「こんな投稿をしてます」

　自分のアカウントで発信しているテーマをわかりやすく伝え、フォローを促したり、他の投稿も見てもらうよう促します。「人気記事」の1枚目の画像のスクショを入れるのも◎。

⚫ 「保存はこちらから」

「いいね」も大切ですが、やはり保存数を増やしたいもの。保存のアイコンをわかりやすく示し、保存を促します。

⚫ CTA画像の例

「ご覧いただきありがとうございます」のような感謝の言葉をつけ加えると親近感がアップし、コメントへのハードルを下げることにもつながります

Interview 04　月に「600万人」に見られている旅アカウント

ショーマン
国内の映え旅情報

@shoman_realtabi

国内の旅情報に特化して発信。ホテルやグルメなど、まるで旅雑誌のように、得られる情報量がとても多いアカウント。旅行好きの方から、たまに行くご褒美旅行のための情報を得たい方まで、約12万人のフォロワーを抱える。

Q　いつ頃からインスタを始めましたか?

A. 2年前（2021年）の12月からです。

Q　投稿頻度はどれくらい?

A. 最初は毎日投稿していましたが、3ヵ月前から週5回投稿に少しペースを落としました。質が高ければ、頻度は週1回でも伸びるものだと思います。ただ旅行というアカウントの属性的に情報量が多い方がよいと思ったので週5日は投稿しています。

Q　投稿を継続するために、苦労したことはありますか?

A. 投稿を作る時間がなくて寝不足になる、それなのに最初は対価もない…という苦労がありました。とにかく旅行が好きなので、「普段、旅行をしない人でも旅行に行きたくなる」というコンセプトのもと、「旅行の魅力を伝えたい!」という気持ちをモチベーションにしました。

フィードは旅行雑誌の特集記事のよう

Q

インスタを運用する上で気をつけていることはありますか?

A. フォロワーが満足しているかどうか?を常に気をつけています。文字数だったり、相手に響く言葉かどうか、見やすいのかどうか。1枚目のカバー画像を作るときは、「旅行雑誌だったらこの画像が1枚目にふさわしいかどうか」という視点で作成しています。

Q

投稿を継続するためのコツはありますか?

A. 最初から、「いつか投稿作成を人に振る」ということを前提にして、投稿内容の作成をマニュアル化しました。フォロワー1万人までは実際に自分で全て作っていましたが、現在はインスタのチーム4〜5人で動かしています。

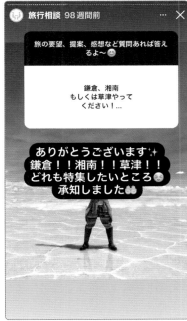

ストーリーズでリクエストを
募集、フォロワーの要望に応
えた特集は毎回好評！

Q インスタ運用の目標はありますか？

A. 当初は1年半でフォロワー10万人を目標にしていましたが、これは達成できました。次の目標としては、インスタを絡めて町おこしなどの地域活性化に貢献したいと思っています。

■ 使っている道具・アプリ
　Canva、Reposter・Repost for Instagram
■ 特に反響のあった投稿
　「君はまっすぐ進めるか？」という平衡感覚を失うスポット紹介、
　フォロワーのリクエストに応えた投稿

東京5選グルメ

@ tokyooishii

広告代理店に勤める27歳。
年間400店舗以上外食するグルメ好き。東京都内の飲食店を「5選グルメ」として紹介。

Q いつ頃からインスタを始めましたか?

A. 2020年の10月頃からです。

Q インスタを始めたきっかけは何ですか?

A. 元々食品メーカーに勤めていたのですが、コロナで様々な飲食店が休業したことをきっかけに、自分のできることを探し始めました。自分が影響力を持てれば飲食店を救えるのではないかと思い、始めました。

Q どんな成長曲線でしたか?

A. 2021年終わりの時点ではまだフォロワー4,000人くらいでしたが、2022年の1月から急に伸び始めました。

庶民派グルメが多くすぐに利用したくなる

Q 投稿頻度はどれくらい?

A. 基本的には毎日投稿しています。

Q 投稿を継続するために、苦労したことはありますか?

A. 実際に食べに行くので、シンプルにお腹の調子や体力面が大変です。また新しい店舗を探すリサーチも時間がかかります。

Q インスタを運用する上で気をつけていることはありますか?

A. 自分が食べて美味しいと思ったところしか紹介しないことで、信頼を築くことにこだわっています。

餃子、スイーツ、居酒屋は鉄板ネタ！

　また、投稿には価格帯や場所など皆が知りたいことを載せるようにしています。

　お店側からすると5選にまとめられたくないなどもあるので東京の中でも郊外のお店や認知度が低いお店などは1店舗だけで詳しく紹介するなど、幅広く見ていただけるようにしています。

Q インスタ運用の目標はありますか?

A. 最終的には飲食店を開くこと、そして地域活性化につなげることです。また飲食のPRを実施していきたいと思っています。

■ 使っている道具・アプリ
　　Phonto、Canva、Picsart、InShot、CapCut
■ 特に反響のあった投稿
　　ピン留めしている投稿（餃子・スイーツ・居酒屋）

こうき先生_
肩こり・腰痛治療家

@ kouki.seitai_gram

鍼灸師・整体師のこうき先生。
大阪府寝屋川市にある絆鍼灸整骨院を経営。頭痛・肩こり解消ストレッチや腰痛・反り腰改善エクササイズなどをインスタライブで配信。

Q 投稿頻度はどれくらい？

A. フィード投稿かリール投稿をほぼ毎日投稿しています。

Q 投稿を継続するために、苦労したことはありますか？

A. 最初は投稿を作るために休日の時間を割いたりで時間が足りませんでした。今は慣れてきて、すき間時間で作成できるようになりました。

Q 1投稿作るのにどれくらいの時間がかかりますか？

A. フィード10枚投稿だと1時間、リールは30分くらいです。
実際に作り出す前の、ネタを考えるのにも1時間くらいかかります。

目を惹くフォントでインパクト大!!

Q インスタ運用の目標はありますか?

A. 当初はインスタから10人ほど集客することが目標でした。
当時GoogleやYahoo!での広告費が高騰していて、昔なら3〜5万円の広告費で集客できていたのが、今は20万円くらいかかります。インスタであれば無料でも認知を獲得できるため、インスタを開始しました。
　現在はインスタから月7人、インスタ広告から7〜8人集客できていますが、これをもっと増やしていくのが目標です。

体の不調を整えるエクササイズはリールをチェック！

Q インスタを運用する上で気をつけていることは何ですか？

A. 遠方などで店舗に来られない方が、自宅で見て簡単にできるようなストレッチを配信するようにしています。来られる範囲にお住まいの方は、投稿を見て私に興味を持っていただいて、治療に来られる方が多いです。

■ 使っている道具・アプリ

撮影…アプチャー（ライト）10万円位

元々安いライトを使っていましたが光にはこだわりたく、ライトだけはよいものを購入して使っています。

編集…CapCut、Canva

■ 特に反響のあった投稿

ぎっくり腰の投稿

「この投稿を見てぎっくり腰を治せることを知った」という声を多くいただきました。

バズリたいなら、
「特化した」ネタを選ぶ

　インスタグラムの投稿では漠然としたテーマのものは、たくさんの投稿の中では埋もれてしまいヒットしづらいです。漠然としたテーマから、少しずつ掘り下げていくことで、独自の視点やオリジナリティを出すことができます。ネタ切れしそうなときも、より細分化していくことでアイデアがでやすくなります。

例
おすすめのスイーツ5選
➡おすすめの抹茶スイーツ5選
➡新宿でおすすめのスイーツ5選
➡デートで食べたいスイーツ5選

掃除にぴったりなアイテム
➡排水溝の掃除にはコレ！
➡ズボラさんにおすすめの掃除アイテム見つけた！
➡掃除道具に見えないおしゃれアイテム

「韓国グルメ」「映え」「新大久保」に特化することで、ユーザーにとって分かりやすく、有益な情報となっています

第4章

読まれるキャプションの書き方

文章を書くのが苦手でも大丈夫。パッと見て思わず読みたくなるような見やすいキャプションを作りましょう。ハッシュタグをうまく活用すれば、新規フォロワー獲得にもつながります。

読みやすい
キャプションを書く

● 効果的なキャプションでファンを増やす

インスタは画像がメインではありますが、**キャプションもとても重要。** ここで、あなたやあなたの商品・サービスについてしっかりと伝えられれば、ファンを増やし、ビジネスにもつなげることができます。

ただし、伝えたい思いが強すぎてだらだらと長い文章になったり、改行もなく文字がびっしりと詰まっていたりすると、よほど興味がある人以外はスルーしてしまうものです。**思わず「もっと知りたい」と思わせるような文章、誰もが読みやすい書き方を心がけましょう。**

● キャプションは余白を意識しよう

読みやすさのコツは何といっても適度な余白です。

「改行」や「1行開け」を効果的に使うと、読みやすさがグンとアップします。SNSはとにかくパッと読めることが重要なので、ごちゃごちゃしているとなかなか読んでもらえません。15〜20文字ごとに1回は改行を入れ、文章のかたまりごとに1行空けるようにしましょう。

「改行くん」というアプリを使うと2行以上の改行も可能。 アプリ上でキャプションを書いてコピペするだけでOK。特殊文字が使えたり、ハッシュタグのカウントもできるので便利です。

yamate2.book .
▶他の投稿はこちらから
@yamate2.book

みなさんこんばんは❗

やまてです😆✨

いつもみてくださり、本当にありがとうございます😆✨

このテーマでのイチオシ本は『夜と霧』でした！

みなさんのおすすめ本や気になった本がありましたら、ぜひお気軽にコメントください✨

これからも、お互い素敵な読書ライフにしていきましょうね♪

やまてつさんは画像内に内容が入っているためキャプションはシンプル。改行を使っているので本のタイトルが目立ちます

rumiru_zuborashokudo @rumiru_zuborashokudo←他の投稿はこちらから！

いいね♡や保存ありがとうございます😊
励みになり、とても嬉しいです😆

🔪 ヤル気ないとき‼『さつまいもご飯』🔪

もうヤル気な〜〜〜い😩
そんな時は、コレ！

包丁もキッチンバサミも使わない！
洗ったさつまいもをぶっ込むだけ！！

炊飯器調理だから、
さつまいもがほくほくっ！ねっちょり！

お子さんでも安心して作れます😊

絵文字を使ったるみるさんのキャプションは共感しやすく親しみがあります

●箇条書きや体言止めを使う

キャプションを読みやすくするために、伝えたいことはしっかり伝えつつも、**コンパクトな文章にするのが大切。**「です」「ます」「させていただきます」を多用すると読みづらくなってしまいます。

例えば、「○月から○○キャンペーンをさせていただきます」ではなく、「○月から○○キャンペーンスタート！」のように簡潔にまとめたり、体言止めや箇条書きを使うのがよいでしょう。

●絵文字を使って親しみやすさアップ

絵文字は適度に使うと、カラフルになり見やすくなるだけでなく、親しみやすさもアップします。文章の途中はもちろんのこと、箇条書きのアイコンとして使うのもおすすめです。

● ラインやフレームでキャプション内を分ける

　色々な情報を載せたいときに、効果的に使えるのがライン（線）やフレーム（枠）。もちろんインスタグラム内にそれらのフォーマットがあるわけではないので、記号や特殊文字を使って作っていきましょう。私はキャプションとハッシュタグを分けるときにも使っています。

　固定でお店の情報（営業時間や定休日など）やプロフィールを入れたい場合、イベントの告知をしたいときにも使えます。

cartonnageart ＊＊何度かリールで登場の

＊＊＊＊＊＊＊＊＊＊＊＊＊＊＊＊＊＊

『Antique Style のエレガンストレイ kit』début しました 🖤

＊＊＊＊＊＊＊＊＊＊＊＊＊＊＊＊＊＊

簡単綺麗に出来る一工夫を盛り込み
ご提案しています ✨

＼ Art Couture ／
（アートクチュール）
シリーズのキットです 🌸

アートクチュールとは
長年温めて来た造語で
フランス語で「仕立て」の意味を持つ「couture」と
CartonnageArt の「Art」を組み合わせました 🌷
CartonnageArt がセレクトした素材で一味違う作り方をご提案
致します 🖤

カルトナージュとも違う
手軽さをお楽しみ頂ければと思います♪
でも、出来上がりは高見え！✨✨✨

shoman_realtabi 『話題の韓国映えグルメ♡新大久保食べ歩き
TOP7 選』
"車なし"でも楽しめる"映え旅"情報を発信中！
→【 @shoman_realtabi 】です 😆

✈━━━✈

今回は
『東京の新大久保に行ったら食べて欲しい♡
今話題の映えグルメ』を紹介♪

新大久保には
チヂミ屋台や韓国のカフェ、韓国焼肉など
韓国グルメが集結しているよ！

韓国の文化を体験してみたり、
コスメやファッションなど
ショッピング楽しみながら
食べ歩きグルメでお腹も満たしてね♪

✈━━━✈

ラインを使ってキャプションを区切ることで内容が分かれ、見やすさがアップ

step 2

回遊性をアップさせる

● フォロワーがアクションしやすいキャプションに

インスタはフォロワーとのコミュニケーションが大切であり、それができているアカウントがインスタグラム側からも「よいアカウント」として評価されます。ですから、今投稿したものだけでなく、**過去の投稿も遡って見てもらうことができると、よりコアなファンを獲得できるでしょう。**

CTA画像（→P69）を工夫すると同時に、思わずコメントしたくなる投稿や、他の投稿も見てもらえるような仕組みを取り入れてみましょう。

● 思わずコメントしたくなる投稿とは?

フォロワーにコメントしてもらうことは、インスタグラムからの評価が上がるだけではなく、「読んでくれている人がいる」と実感でき、投稿するモチベーションアップにもなるはずです。

ですから、**一方的な発信ではなく、思わずコメントしたくなるような文章を書けるとよいですね。**毎回ではくどいかもしれませんが、「みなさんは、どう思いますか?」「こんなときどうしていますか?」など質問を入れるのもよいと思います。もちろん、コメントをもらったときは必ず返信してください。

● 書き出しを工夫して回遊性アップ

　細かいところですが、キャプションは通常折りたたまれた状態で表示されます。そのため、**書き出しに「キャンペーン実施中！」「プレゼントは○日まで」「○○な人必見！」などと入れてアピールするのもおすすめ。**

　また、「他の投稿はこちら→＠自分のアカウント」と入れて回遊性を高めることもできます。

　私がよくやっているのは、書き出しに記号を入れて改行する方法。そうするとP87の例のように、キャプションを開いたときに書き出しの位置がそろってスッキリと見やすくすることができます。とはいえ、ここは好みがあるので自分なりに工夫してみてください。

「いいね！」16,147件
rumiru_zuborashokudo @rumiru_zuborashokudo ←【540万人が見た !!】他の投稿はこちらから... 続きを読む
コメント 51件をすべて見る

「いいね！」850件
chi.yu_ 他の投稿もみる → @chi.yu_

スッキリ解決！消えて生活感... 続きを読む
コメント 15件をすべて見る

るみるさん　「540万人が見た！」というキャッチコピーがインパクト大。他の投稿も見たくなります

ちーゆさん　「他の投稿も見る」というキャプションとともに「@chi.yu_」を入れることで回遊性アップに

「いいね！」93件
sushi_ginza_aida 恵方巻ご案内の時期です。

鮨あい田... 続きを読む
コメント 4件をすべて見る

銀座鮨あい田の女将さん　恵方巻きの案内ということが一目でわかるキャプション。色々応用できそうですね

■つまっている例

snsbook2023 新商品のご案内です。○月○日より、人気のシリーズに、新しく「△△△」が仲間入り！期間限定の販売なので、ぜひゲットしてくださいね😊

記号を使って改行すると、サムネイルに表示される文字数が少なくなるため、しっかり本文の内容を見せたい場合は、無理にすっきりさせず、そのまま入力しましょう

■記号を入れた例

snsbook2023 ✚

新商品のご案内です。
○月○日より、人気のシリーズに、
新しく「△△△」が仲間入り！

期間限定の販売なので、
ぜひゲットしてくださいね😊

●固定のプロフィールでファンを増やそう

　フレームやラインを使って、毎回固定のプロフィールを入れると、**発見タブから来てくれた人にもしっかりプロフィールをアピールすることができます。**ただし、あれもこれも入れてしまうとガツガツした印象を与えるため、ポイントを絞り、「詳しくはトップページへ」などと誘導するのがベターです。

■固定プロフィールの例

■ 料理がめんどくさい
■ 洗い物減らしたい
■ 料理に時間をかけたくない

ずぼら主婦だからこそ『楽ちんに作れる♬』を
目指して発信中！

@rumiru_zuborashokudo←【540万人が見た‼】他の投稿は
こちらから！

━━━━━━━━━━━━━
〣 やまてつ掲示板 〣

✔電子書籍『本は読み方が9割』を執筆しました！ぜひプロフからご覧ください

✔公式LINEにて『読書のロードマップ📖』を公開しました！こちらもぜひプロフからご覧ください！

✔実は今、とあるKindle本を執筆中です。こちらもお楽しみに…！(公式LINEで告知します…！)

@mon_de_camera では
写真の撮り方に悩める
🪄 ハンドメイド作家さんへ

📱 スマホで上手に撮る技
🎬 リールの撮り方
🎞 リールの編集の仕方

を発信中

これからも、あなたの
インスタ発信に役立つ情報を
どんどん投稿していきます。

よかったらフォロー、コメントも
いただけると励みになります！

新しく投稿を見てくれた人に、自分のアカウントがどんな投稿をしているのかがパッとわかるプロフィール。やまてつさんのように最新情報を載せるのもいいですね

適切なハッシュタグを
つけよう

● 評価されるハッシュタグのつけ方とは

　ハッシュタグをつけることは、検索から自分の投稿を見つけてもらう
チャンスにつながります。**投稿につけられるハッシュタグは最大30
個。**インスタグラムが流行り始めたころは、とにかくハッシュタグを
たくさんつけようという流れがありましたが、現在ではそれは逆効果に
なるケースがよくあります。投稿した画像に対して適切なハッシュタグ
かどうかをよく確認することが大切です。

● 関連性の低いハッシュタグはNG

　インスタグラムのユーザーが増えるにつれ、ハッシュタグ検索をして
も欲しい情報にたどり着かなくなったことから、**投稿内容と関連の薄
いハッシュタグをつけていると、人気投稿からはじかれる**ように
なりました。

　例えばあなたが、渋谷のカフェを知りたくて「#渋谷カフェ」と検索
したのに、関係のない犬の画像や、バッグの画像が出てきたら困ります
よね。投稿した側としては、何かしらの関係があって撮った写真かもし
れませんが、インスタグラム側からは関連性が薄いと判断されてしまう
でしょう。

　複数の画像を投稿するときも、ハッシュタグは1枚目の画像との整合性を意識してみてください。

■こんなハッシュタグはNG

　投稿とは全く関係ない有名人やブランドのハッシュタグは絶対にNG。また「#インスタグラム」のような意味のないものも避けましょう。

#渋谷 #渋谷カフェ #神泉グルメ #神泉 #shibuyacafe #チーズケーキ #カレー #カレー好き #カレー部 #チーズケーキ好き
コメント 25件をすべて見る

#あんこの日常 #わんこ #犬スタグラム #犬好きな人と繋がりたい #犬バカ部 #ぽめすたぐらむ #ポメラニアン #ポメラニアンが世界一可愛い #ポメラニアン大好き #ぽめ #ぽめらにあんが世界一可愛い #ふわもこ部 #もふもふ部
コメント 17件をすべて見る

　上のように、写真の内容にぴったり合うようなハッシュタグを選んでください。もし左の画像のカフェに犬を連れて行ったとしても「#犬」のタグを付けるのはやめたほうがよいでしょう。

　右の犬の画像がカフェで撮ったものだとしても、ここまでアップの犬の画像なら、カフェ関連のハッシュタグではなく、犬関連のハッシュタグを選びましょう。

また、**インスタグラムのハッシュタグには流行があるので、似たような投稿をしているアカウントをチェックしてみてください。**

● ハッシュタグの数にはこだわらなくてOK

　2021年にMeta社が公式アカウントでハッシュタグについて以下のように投稿しています。現段階ではこのヒントをベースにハッシュタグをつけるのが効果的だといえるでしょう。

■ハッシュタグを使うときのヒント
● 投稿するコンテンツのテーマに関連するハッシュタグをつける。
● 自分のファンがどんなハッシュタグを使ったり、フォローしているのかをチェックする。
● 幅広い層の人たちに見つけてもらえるように、ハッシュタグはよく知られているものとニッチなもの、両方を使用する。
● ファンが自分のコンテンツを検索しやすいよう、特徴的なハッシュタグを使用する。
● ハッシュタグの数は3〜5つにする。

　普段インスタグラムを使っている人だと、「ハッシュタグの数が3〜5つ」というところに驚くのではないでしょうか。実際、私がクライアントさんのアカウントで、「1ヵ月目は30個MAXのハッシュタグをつける、2ヵ月目は3〜5個、3ヵ月目は10〜15個」というふうに変えて実験してみたのですが、一番数値がよかったのは3ヵ月目で、Meta社の発表とは少し違った結果となりました。ですから、まずは数を気にせず**「投稿と関連性が強い内容かどうか」**でアラブと良いでしょう。

　もし、今頑張って30個ハッシュタグをつけている人は、そこから関連性の薄いものを削っていくとよいと思います。

　毎回使うようなハッシュタグはメモアプリなどに入れておき、投稿の際にコピペすればOKですが、その都度、投稿と合っているか、他につけ加えるものはあるか確認しましょう。

● ハッシュタグに時間をかけすぎないで

　ここまでハッシュタグについて説明してきましたが、実は**最近のアルゴリズムではハッシュタグを攻略してバズらせることはとても難しくなってきました**（少し前まではできていたのですが…）。実際、時間をかけてタグを考えても数値に反映されないことも多いです。

　検索する人のために適切なハッシュタグをつけることは大切ですが、どんなタグにしようかとあれこれ悩むよりも、投稿内容をブラッシュアップする方が私はよいと思います。今のところタグは"おまじない"くらいに思っておいてもよいのかもしれません。

注目してもらいたい投稿は「ピン留め」しよう

● 投稿をピン留めして新規のフォロワーにアピール

フィード投稿を3つまでフィードのトップにピン留め（固定）できる機能があります。必須の設定ではありませんが、イベントやキャンペーンの情報など、**「今見てもらいたい投稿」が、新しい投稿によって埋もれないようにするために効果的**です。

過去にバズった投稿をピン留めしておいて「発見タブ」からプロフィールを見てくれた人にアピールするのも効果的です。ただし、新しい投稿が埋もれてしまうこともあるので個人的には**ピン留めは期間限定や、特別なタイミングで行うのがよい**と考えています。

■ピン留めする方法
ピン留めしたい投稿を開き、右上の「…」をタップして「プロフィールに固定」を選べばOK。フィード画面で投稿を長押しする方法でも「プロフィールに固定」の表示を出すことができます

Interview 07　さつまいもの炊き込みごはんが大バズリ！

るみる/料理歴15年
ずぼら楽ちんレシピ

@rumiru_zuborashokudo

3人のお子さんのシングルマザー＆本業を掛け持ちしながらインスタ投稿をするスーパーママ。"ずぼら楽ちんレシピ"をコンセプトにすぐに作りたくなる料理のレシピが大人気!!　フォロワー18万人以上を抱えるインフルエンサー！

Q いつ頃からインスタを始めましたか？

A. 2022年の5月に開始して、10ヵ月でフォロワー18万人を突破しました。

Q インスタを始めたきっかけは何ですか？

A. 1年半前に元主人と別居したのですが、それまでほぼ専業主婦で、いざ15年ぶりに社会に出なきゃいけないとなったときに苦労することが多かったんです。例えばローンも組めないなど、社会的信用がないということを実感しました。そこから「自立したい」「女性の自立を応援したい」という気持ちが芽生えました。

　ただパートでは稼ぐには限界があり、色々調べていくうちに、「SNSで稼げる」ということを知りました。その中でも自分に一番合っていたのがインスタだったんです。

　そこでインスタを始めることにしたのですが、「毎日何を発信しよう？」と考えたときに、料理であればどちらにしろ毎日することなので、ネタになるのではないかと思いました。

投稿頻度はどのくらい?

A. 基本的には毎日投稿を心がけていますが、最近はペースが落ちているかな…。ストーリーズは毎日何かしらアップしていますが、何か自分の心が動いた出来事を投稿するようにしています。

マネしたくなるメニューがいっぱい!

Q 投稿を継続する上で、苦労したことはありますか?

A. 子育てと仕事を両立しながらインスタの撮影や編集をすることですね。撮影にはすごくこだわりがあって、どうしても午前中、自然光の中で撮りたいんです。すると週末しか時間がなくて……。でも、週末が雨だと撮影できない。そういうときは平日出勤する前に撮影するなど、時間を調整するのが大変です。

「ヤバい」「ブッ飛ぶ」など、エンタメ感のあるワードがポイント！

Q インスタを運用する上で工夫していることはありますか？

A. 料理が美味しく見えるようにということと、「インスタはエンタメ」だと思っているので、フォロワーさんに楽しんでもらえるように、音楽もアップテンポのものを選んだり、具材を切る音や炒める音のASMRを使うなど、遊び心を入れています。

　あとは料理系のアカウントは上品なものが多いので、言葉選びを「ブッ飛ぶ」「ブッ込む」など、あえて品のない言葉を使って、親近感を感じてもらうことで差別化を図っています。

　また、どこのお家にもある調味料を使うなど、手軽に簡単に作れるようなレシピの工夫をしています。

■ 使っている道具・アプリ
撮影…スマホスタンド、スマホのカメラ、100均のウォールシール（背景を映えさせるため）、いらなくなったシーツ（テーブルに敷く）、100均のお皿
編集…CapCut（動画）、Canva（カバー画像）
■ 特に反響のあった投稿
さつまいもご飯

最適な投稿時間は？

　インスタグラム全体の傾向としては18〜23時の夜の時間がよく見られる時間帯といわれています。しかし、最近では多くの人がこの時間帯に投稿するので、逆に埋もれる可能性もあります。

　私は少し時間をずらして21〜23時の遅めの時間帯か、または朝4〜5時に投稿して、ユーザーの人が朝起きてインスタを開いたときに投稿が上がってくるような感じを狙うこともあります！

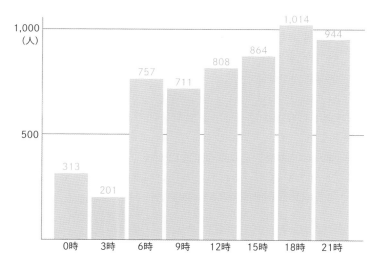

ホーム画面の右上の三本線からインサイトを選び、「合計フォロワー」をタップすると、下の方に「最もアクティブな時間帯」がでてきます。フォロワーのアクティブな時間帯を狙うのもよいでしょう。

第5章

ストーリーズ活用の
コツとアイデア

手軽に発信できるのが「ストーリーズ」のメリット。日々のつぶやきとして投稿するだけでなく、様々な機能を使えば、フォロワーと気軽にコミュニケーションすることもできます。

ストーリーズの基本を知ろう

● ストーリーズは世界観にとらわれず気軽に投稿

インスタグラムの「ストーリーズ」は24時間だけ公開される投稿。 フィード投稿やリールは練りに練って作り上げることもあると思いますが、**ストーリーズは世界観にあまりとらわれず、気軽に投稿してOKです。**

ストーリーズを見るのは基本的にフォローしてくれている人だけなので、フォロワーとコミュニケーションを楽しみ、よりコアなファンになってもらうためのツールとしても使えます。

● アカウントをアクティブにするためにも毎日投稿を

SNSの基本として、アカウントを定期的に動かすということはとても大切です。 インスタグラムの場合、しばらくの間投稿がないと「非アクティブ」とみなされ、投稿をしてもユーザーに届きにくくなってしまいます。

ですから、フィードへの投稿は3日に1度でも、ストーリーズだけは毎日、できれば1日2回くらいアップするようにしましょう。 そうすることでアカウントをいつでもアクティブな状態にしておくことができます。

● ストーリーズの投稿例

　ストーリーズの投稿は、難しく考えず気軽にアップしてOK。例えば空の写真を撮って「おはようございます」と入れるだけでもいいですし、今日のランチや、参加したイベント、好きな音楽、趣味などについてアップするとフォロワーから「私も○○が好きですよ！」とか、「○○を食べるなら、△△というお店もおすすめですよ」など、思わぬ反応があることも。

　画像だけでなく動画もおすすめです。リールのようにあれこれ編集する必要もないので、初心者でもすぐに取り組めます。

　フィード投稿やリールのように作り込まれていない、ラフな画像や動画の方がかえって親近感がわくと思います。

■日々のつぶやき

■フィード投稿をお知らせ

■アンケートや質問　　　　　■外部サイトへの誘導

　P99右の画像の「NEW」のようなGIFスタンプを使うと見た目もかわいく、親しみやすい感じを出すことができます。日本語の手書き風GIFスタンプもおすすめです。

　また、直接外部のサイトに飛べるのもストーリーズの特徴。自分のアカウントに合った商品を紹介するなどアフィリエイトに使う人も多いです。

●ストーリーズの投稿方法

①自分のアイコンの横にある「＋」をタップ

❷画像or動画を選ぶ　　❸文字を入れたり画像を加工　❹「ストーリーズ」を選んで
　　　　　　　　　　　　　したりする　　　　　　　　投稿

● ストーリーズにつけられる情報

● 場所
　場所を入れておくと、マップ上に表示されやすくなります

● ハッシュタグ
　ストーリーズにもハッシュタグを入れることができます

● メンション
　その投稿に紐づけたいアカウントにメンションをつけてリンクさせることができます

● リンク
　直接リンクを貼れるので、外部サイトへ誘導したり、アフィリエイトに使うこともできます

ストーリーズを
効果的に使おう

●フィードに投稿したら必ずストーリーズにアップ

　定期的にフィード投稿をしているのに、なかなか伸びないと感じることはありませんか。それはそもそもフォロワーに投稿が届いていない可能性大。何百、何千人もフォローしている人がいると、常にたくさんのフィードが流れてくるため、タイミングよく見てくれない限り埋もれてしまうことが多いのです。そのため、**フィードに投稿したら必ずストーリーズにもアップしましょう。**

　「NEW」などのスタンプをつけたり、「お得なコツをまとめました」など読みたくなるようなコメントをつけるとよいでしょう。過去の投稿をもう一度露出させたいときにも使えます。

フィード投稿をストーリーズにアップする方法

❶アップしたい投稿を選び、紙飛行機のマークをタップ。

❷「ストーリーズに投稿を追加」をタップしたら、通常のストーリーズと同様にコメントなどをつけてアップします。

● コミュニケーションしやすいストーリーズを投稿する

　何度もお伝えしていますが、インスタグラムでは他のユーザーとコミュニケーションをとることでファンを増し、インスタグラム側からの評価を上げることにつながります。

　ストーリーズはフィード投稿に比べて相手が気軽にアクションしやすいのが特徴。「いいね」やコメントなどのアクション一つひとつが評価にもつながるので、**アクションしやすいストーリーズを作ることも大切**です。

質問スタンプ
「何か質問はありますか？」だけでもOK

アンケート
選択肢を表示できる。「好きなのはどっち？」などの質問はアクションしやすい。結果もストーリーズに投稿を

絵文字スライダー
数値で表すことができない「どのくらい」を知りたいときに使えます

リアクションスタンプ
簡単にリアクションできるボタン。ちょうどスマホを持ったときに親指が当たるあたりに置くとタップしやすい。

クイズスタンプ
知識系の投稿をする人におすすめ

●他ユーザーの投稿をシェアすることもできる

　自分が食事をしたお店や買ったブランドについて投稿し、相手から反応があると嬉しいですよね。ですから、お店のインスタをやっている人なら、**店名のハッシュタグを検索し、アップしてくれている人の投稿をストーリーズに上げて「ありがとうございます！」などとコメントする**のもよいと思います。

　自分のフィード投稿をストーリーズに上げるのと同様の方法で、他ユーザーの投稿をアップすることができます。

●ストーリーズでより濃いファンを作ることもできる

　ここまでの内容を見ると、ストーリーズはフィード投稿よりライトなイメージを持たれるかもしれません。しかし、それとは反対に**ストーリーズに力を入れている方もいます。**

　例えばある美容系のインフルエンサーは、フィードは画像を中心にシンプルに投稿しながら、ストーリーズは動画で質問に答えたり、フィード投稿より詳しい内容をアップしています。

　これは、まず**フィード投稿で幅広くフォロワーを獲得し、ストーリーズでより濃いファンになってもらうという動線**になっているといえるでしょう。

　ストーリーズはフィード投稿の世界観を壊すことなく発信ができるので、あれこれ試してみるとよいでしょう。

アップしたストーリーズで ハイライトを作ろう

● ハイライトは重要アイテム

ストーリーズにアップした画像や動画をまとめて「ハイライト」を作ることができます。実は**ハイライトはプロフィールとフィード投稿の間の、かなりよい位置にある重要なアイテム。**ハイライトも含めアカウントの世界観を作っていきましょう。ストーリーズは24時間限定ですが、ハイライトに入れればいつでも見ることができます。

ハイライトのカバー画像のテイストをそろえることで、おしゃれな雰囲気を出すこともできます

● ハイライトを意識してストーリーズをアップする

ハイライトはプロフィールの下に配置されているので、**自己紹介やスケジュール、Q&Aなど新しくフォローしてくれた人に見てもらいたい情報をまとめておくのがおすすめ。**お店をやっている人なら、駅からお店までの行き方を動画でまとめておくのもよいですね。ハ

イライトに入れたい情報をストーリーズでアップし、その後**ハイライトにまとめるという逆の発想を持ってみてください。**このようなストーリーズの投稿は普段よりも少し気合を入れて作り込むとよいでしょう。

■ハイライトのまとめ方

❸ハイライトのタイトルをつける。
画像部分をタップすれば画像の変更も可能

❶ストーリーズを開いて「ハイライト」をタップ

❷「新規」をタップ

新たに投稿したストーリーズや過去のストーリーズをハイライトに追加することも可能。過去のストーリーズはプロフィール画面の右上の三本線から、「アーカイブ」をタップすると見られます

おくのまり アロマ調香師 / 名刺に なるインスタグラムプロデュース 【公式】

@olivetree_nuovo

アロマ調香師という専門性を活かした幅広い発信や、人柄を感じられるプライベート発信などで濃いファンを獲得。企業からの信頼も厚く、PR依頼やコンサル依頼も多く受けている。

Q いつ頃から**インスタを始めましたか?**

A. 2016年から始めて、7年目になりました。本格的にインスタを仕事に活かすようになったのは2020年の夏頃です。

Q 投稿頻度**はどれくらい?**

A. フォロワー1万人を達成するまでは、3日に1回のペースで投稿していました。ストーリーズは毎日1〜4回くらい投稿しています。

Q 投稿を継続するために、苦労したことはありますか?

A. コンサルティングしている企業様のインスタ運用に加えて、自分の投稿を作らなくてはならず、スケジュール管理をするのが難しかったです。

5 ストーリーズ活用のコツとアイデア

統一感があり、おくのさんの世界観を感じるフィード

Q **1投稿作るのにどれくらいの時間がかかりますか?**

A. リールだと、2〜3時間くらいかかります。ストーリーズはそんなに時間をかけずに投稿しています。

Q **インスタを運用する上で気をつけていることはありますか?**

A. フィード投稿で築いてきた世界観を崩さないように、写真のクオリティを保てるよう気をつけています。

Q **インスタ運用の目標はありますか?**

A. 最初はアロマの集客や自分のブランディングのためにインスタを始めましたが、いつのまにか企業様のインスタ運用やプロデュースの仕

事も増えてきました。

　午前中に好きなスポーツや趣味をして、午後はオンラインの仕事をするのが目標だったので、これは達成することができています。

趣味の乗馬と仕事を両立。描いた夢
を実現した、おくのまりさん

■ 使っている道具・アプリ

　　撮影…Android スマホ、自撮り棒

　　編集…BeautyPlus、Canva、CapCut、InShot

ストーリーズ投稿は、質問スタンプを活用しよう

　ストーリーズに流れてくる質問で、思わず答えたくなるものってありますよね。「この3つのうちどれが好き？」や「ここ行ったことある？」のように選択肢から選ぶだけの質問は、一番簡単なアクションです。

　ですから、例えば、話題のレストランに行ったとき、「今日のランチ」の写真だけでなく、そこに「このレストラン知ってた？」というキャプションと、「知ってる！／気になる」などのアンケートボックスを入れるとフォロワーとのコミュニケーションを増やすことができます。

　ストーリーズは気軽さが大切なので、何も画像がなくても「Phonto」や「Canva」などのアプリで文字だけの投稿を作り、GIFスタンプや質問スタンプを使うだけでもかわいくなりますよ。

フォロワーからコメントが返ってきたら、それもまとめてアップすることで、有益な情報として共有することができます。それに、「こんな感じで回答すればいいんだな」とわかると、回答へのハードルも下がります。コメントを共有する際は、アカウント名を消す配慮を忘れずに

第6章

魅力的なリールを作る
動画をマスター

今、インスタを運営していく
上で、欠かせないのが「リー
ル」。これまで動画を撮った
ことのない人もチャレンジし
ない手はありません。すでに
使っている人はワンランク上
を目指しましょう！

リールの基本を知ろう

● フォロワーを獲得するためにリール投稿は必須

　「動画は苦手」「撮り方がわからない」という人もいるかもしれません。しかし、今のインスタグラムにおいてリールは**「発見タブ」やリールタブのレコメンドから露出されるチャンスが多く、新規フォロワーを獲得するために欠かせない**ものです。開設したばかりのアカウントでも大バズリする可能性もあるので、やってみない手はありません。

● リールはとにかくテンポのよさを重視する

　リールは、最大90秒の動画を投稿できます。しかし、ユーザーは最初の数秒で見る／見ないの判断をするため、**テンポがよく、短い尺のものが好まれる**傾向にあります。複数の動画を組み合わせる場合は2秒×5カットくらいにまとめるとよいでしょう。

　ただ、リールはトレンドの移り変わりがはやく、**最近ではコーデ紹介などで長い尺のものも人気が出始めています。**私もクライアントさんの投稿でイベントの「1分レポート」というものを作ってみましたが、かなりヒットしました。

　ノウハウや情報のリール投稿は何度も再生してもらえる可能性も高いので、動画に慣れてきたらぜひチャレンジしてみてください。

■レシピ紹介

るみるさん　さつまいもでご飯を混ぜるというインパクトのある動画で136万回再生されている「さつまいもご飯」のレシピ動画

■グッズ紹介

ちーゆさん　100均収納を紹介する動画。テンポよく色々な使い方を見せてくれるので、わかりやすいです

■ヨガ・エクササイズ

AYAKOさん　花粉症に悩む人なら絶対見たくなる動画。爽やかなBGMとともにいくつかのポーズを紹介しています

■グルメ・おすすめスポット

ショーマンさん　テンポがよく、「気になる！」と思わせるシーンとキャッチコピーが満載です。あえてホテル名などは入れず、「知りたい人はコメント→自動DM」の仕組みにしているところもさすがです

113

リールを投稿してみよう

●リール投稿の方法

　リールの投稿画面を開くと、以下のような画面が出てきます。それぞれ設定していきましょう。

❶音源：リール動画につける音源を選択

❷長さ：15、30、60、90秒から選択

❸エフェクト：動画につけるフィルターを選択

❹お題：様々なお題に参加する

❺速度：録画スピードを変更

❻レイアウト：コラージュ動画を撮影

❼タイマー：複数のカットを撮影する場合に、動画1クリップの時間を設定

❽デュアル：スマホの前後カメラで同時に撮影

❾ジェスチャーコントロール：手を上げると自動で動画撮影ができる

❿カメラロールから選択：すでに撮影しているものをリールとしてあげるときはここから選択

⓫録画ボタン：タップして撮影→もう一度タップで停止

● すでにある動画に音源を加えることもできる

　外部アプリで動画を編集し、アップするときにインスタグラム上で音楽をつけて投稿することもできます。ただし、広告用のリールを投稿する場合、著作権の関係上リール内の音楽をつけることができないので、その場合はフリー素材の音楽を使うのがよいと思います。

● リールは必ず縦長9:16で撮影を

リールは必ず9:16のアスペクト比で撮影するようにしてください。この比率でないと発見タブに表示されない可能性が高いからです。インスタグラムのアプリで撮影すると自動的にこの比率になりますが、動画編集アプリでサイズを変更することもできます。

**　最近はTikTokなど他のSNSの動画をそのままリールに転載したものは発見タブに表示されない傾向があります。**

一歩進んだ編集テクニックを身につけよう

●リールの音源選びで再生回数が変わる可能性も

リールの音源選びも重要なポイント。**トレンドの音源を使うことで発見タブに表示される確率がアップします。**

リールの内容はもちろんですが、つい音楽を聴いてしまうことで最後までリールを見てもらえたり、何度も再生してもらえることがあるかもしれません。

「♬」をタップするとおすすめ音源がチェックできます。他のユーザーのリールでよく聴く音源をチェックしておくとよいでしょう

元の動画に入っている音声を消して、代わりに音源を入れるときは動画を選んだあと「♬」→「管理」をタップし、カメラ音源の音量を0にすればOKです。

● テキストをタイミングよく入れて注目度アップ

　文字をタイミングよく入れたり、つなぎとなるような動画をはさむことで、見ている人の心を掴むことができます。

P113でも紹介している、るみるさんのリール動画。初めの3秒ほどの間に、インパクトのあるキャッチコピーとできあがりの美味しそうな画を組み合わせることで、思わず先が見たくなります

● 文字を入れる場所にも注意

　文字を上下ギリギリに入れると、フィード画面やリールタブで再生するときに見切れてしまうことがあるので注意しましょう。

● テーマはひとつに絞る

　リールはとにかく短い動画なので、**伝えたいテーマをひとつに絞りましょう。**例えば、お店のアカウントで商品紹介をする場合、やみくもにいくつもの商品を出すのではなく、ひとつの商品に絞り、さらにその商品のどこを伝えたいのか（サイズ感、こだわった材料など）を、何カットかに分けて紹介するイメージです。

　一方、「ホワイトデーにおすすめのアイテム」「こんなときに使える英

会話」などがテーマのリールにするのであれば、それに合わせていくつかの商品を紹介することもできます。

　簡単でよいので、テーマや構成、タイトルをメモしてから動画を撮り始めると失敗が少なくなります。

●機材を使ってよりクオリティの高い動画に

　移動しながらスマホで動画を撮ると、どうしても手ブレしてしまうので**ジンバルを使うのがおすすめ。**操作が簡単でシンプルなものを選ぶとよいです。

　また、できれば音声は別で録るとクリアに聞こえます。私はスマホを2台使用して1台は音声専用にしています（ボイスメモアプリを使用）が、ピンマイクがあると更によいと思います。

私が動画撮影に使っている機材です。定点で撮影するときは三脚が必要

● 動きが速い動画は「高品質」でアップロードを

　動きの速い動画や、たくさん加工をしている動画などを投稿すると、画質が下がってしまうことがあります。そういうときは**高画質で動画をアップロードできるように設定する**とよいでしょう。

　プロフィールページの右上のメニュー→設定とプライバシー→データ利用とメディア品質をタップし、「最高画質でアップロード」を有効にします。ただし、データが重くなり通信料がかさむので注意してください。

● 始めと終わりをはっきりさせない動画に仕上げる

　リールは最後まで見てもらえることで評価がアップすると考えられています。そのため、どこが始めか終わりかわからない、**ループしているような動画に仕上げると効果的**。慣れてきたらそのような構成になるよう考えてみるとよいでしょう。まずはフェードアウトをしないなど、「終わりを感じさせない」ということを意識してみてください。

● 短尺に情報を詰め込んで、繰り返し見たくなる動画に

　テーマはひとつに絞りつつも、**レシピやノウハウなどは、短い尺の中にたくさんの情報を詰め込むことで、繰り返し再生されたり、滞在時間を長くしたりする効果が生まれます。**「ちょっと速いかな」と思うくらいでもちょうどよいことも多いです。

● リール投稿したら、ストーリーズでもお知らせ

　フィード投稿と同様に、リール投稿したら必ずストーリーズでもお知らせしましょう。

●カバー画像は文字入れの場所に注意

　リールのカバー画像はCanvaなどのアプリで作るとよいでしょう。フィード投稿と同様に、思わず再生したくなるようなキャッチコピーを考えてみてください。

　リールはフィード画面にも投稿されますが、その際のカバーは1：1のサイズになります。**縦長に収まるように文字を入れてしまうと、フィード画面では見切れてしまうため、文字を入れる部分は中心の1:1に収まるように作りましょう。**

酒見さやかさんのリールのカバー。縦長でも正方形でもタイトルやアイテムが見られるように配置されています

●アプリを使ってリール動画を作成する

　動画編集アプリを使えばよりクオリティの高い動画を作ることができます。それぞれのアプリに得意分野があるので、特徴を知って使い分けられるとよいでしょう。

CapCut

テキスト読み上げ機能があり、テキストを音声に変えてくれます。また、音声から自動でテロップを入れることもできます

VN

縦書きのテロップを入れるならこのアプリ

VLLO

モザイクを入れるのに便利なアプリ。トラッキングしてモザイクをかけることも可能

●テロップはできるだけ入れた方がよい

　インスタグラムは電車に乗っているときなど、無音で見る人も多いので、**動画にはできるだけテロップを入れておくのがよいでしょう。**上記の3つのアプリは、どれもテロップを入れることが可能です。

ちーゆ／30代夫婦
1分でわかる暮らし術

@chi.yu_

夫婦で掃除や片づけのノウハウなど"暮らし術"を発信。
わずか半年で12万人のフォロワーを獲得!

Q いつ頃からインスタを始めましたか?

A. 2022年の8月から始めて、半年で12万人を突破しました。

Q どんな成長曲線でしたか?

A. 投稿を開始して、2つ目のリール投稿がバズっていきなり100万再生を記録しました。そこから2ヵ月でフォロワー1万人を突破して、3ヵ月目にはすでに10万人を突破していました。

Q 投稿頻度はどのくらい?

A. フォロワー1万人を突破するまでは毎日投稿していました。台風だったり、土日とかは皆さん家にいる時間が長く、見られる可能性が高いので1日に2回投稿していました。

　途中でインスタのアルゴリズムが変わって、あまり数値が伸びなくなってきてからは、他の仕事との兼ね合いもあり、3日に1回のペースに落としました。

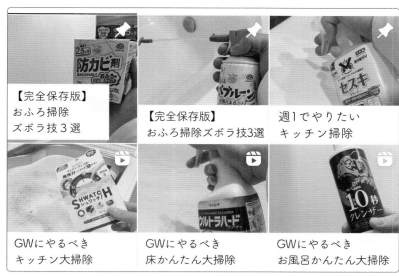

清潔感ある白で統一したフィード

投稿を継続する上で、苦労したことはありますか?

A. 最初はとにかくネタ探しが大変でした。他のバズっているアカウントが、ユーザーのどんな悩みを解決しているのかリサーチをして、Aという解決策を提示している人がいたら、自分はB、Cの解決策を提案しようという形にしてからは、余裕で投稿できるようになりました。

あとは、敢えて紹介する情報量を抑えてバズらせすぎないようにコントロールしています。あまりにバズってしまうと、純度の低いフォロワーが増えてしまうからです。フォローはしてくれるけど、投稿を見てくれない、「いいね」などのアクションをしてくれないフォロワーはあまり増えない方がよいので、そのような調整もしています。

わかりやすい動画も人気！

Q **1投稿作るのにどれくらいの時間がかかりますか?**

A. 今は勤めていた会社を退職したので、1日インスタ運用のためにフル稼働しています。最初は1本作るのに4〜5時間かかっていましたが、今では早ければ2時間くらいで作れるようになりました。

■ **使っている道具・アプリ**

撮影…iPhoneの純正カメラ、三脚、NEEWERのライト

カメラは4K30fpsに設定し、グリッドをオンにして使用

三脚はずっと同じ目線にならないように、複数を使い分けしています。

投稿の編集…CapCut、アフレコ用マイク(iPhoneにそのまま差し込めるもの)

■ **特に反響のあった投稿**

「○○コンボ」系の投稿

Interview 10　ビフォアー＆アフターのリールで
問い合わせが急増！

酒見さやか／
ヘアメイク&スタイリスト

@ sayaka.sakami

メイクアップアーティスト。
自然なのに劇的に変化する、大変身ビフォアー＆アフターのリールや
メイク初心者さん向けの豆知識投稿が大人気！

Q いつ頃からインスタを始めましたか？

A. 2020年の2月末から始めました。それまでSNSをほとんど触ったことがない状態でした。

Q 投稿頻度はどのくらい？

A. 最初、インスタの勉強を頑張っていた頃は毎日投稿をしていました。途中で、数値が伸びるかどうかは投稿頻度よりも、投稿の質によるということに気がついてからは、週1回のペースで投稿しています。

Q インスタ運用の目標はありますか？

A. 最初はフォロワー1万人を目標にしていました。1万人を突破してからは特に数値的には目標を設けず、自分自身が楽しんで継続していくことを目標にしています。

熟考して作られた投稿は、どれも見ごたえアリ！

Q インスタを運用する上で、気をつけていることはありますか？

A. デザインの統一感や、「自分の気持ちがのっているかどうか」という点です。無理に「投稿しなきゃ…」と焦って投稿したものと、「これめっちゃいいでしょ！」という気持ちで投稿したものとでは、伸び方が全然違うんです。今でも「あぁ、もう2週間も投稿していない！」と焦るときもありますが、それで投稿を作っても、「何か違うな…」と自分の気持ちがのらないときは、アップしません。

Q 1投稿作るのにどれくらいの時間がかかりますか？

A. リールは1投稿1時間くらい。フィード投稿は半日くらいかかります。

after

メイクをして明るくなった自分の顔を
鏡の中に見た時のアガった気持ち！
嬉しくてたまりません！

インスタライブではメイクテクニックを公開

酒見さんにトータルコーディネートをしてもらっ
て大変身！

Q 投稿を継続する上で、工夫したことはありますか?

A. お客さまのそのままの状態が表せるよう、画像もご感想の文章もあえて編集せずに掲載しています。そうすることで、投稿を見た人が、「自分と似てるかも」とか、「私も変われるかも」と思ってもらえるきっかけになれば、と思っています。

　また、リールの間にフィード投稿を挟むことで、見ている方が飽きないようなアカウントになるように心がけています。

- **使っている道具・アプリ**
  撮影…光は自然光が一番よいので、ライトは使わず自然光で撮る
  編集…iMovie、Filmora、PhotoScape、Inkscape
- **特に反響のあった投稿**
  トータルコーディネートの投稿
  面長さん向けの投稿

投稿モチベーションが
下がったときは……

　インスタグラムを始めたころは、フォロワーが増えたり、コメントをもらえることが嬉しくて、「投稿するのが楽しい！」と思うことも多いでしょう。しかし、頑張って作った投稿の反応が悪かったり、なぜかフォロワーが減ってしまったりすると、誰しもモチベーションが下がってしまうものです。

　なんとなくインスタに疲れたと思った日は、発信をお休みし、他のユーザーの投稿にアクションするだけでもよいと思います。それにより、インスタの楽しさを再確認するとともに、アカウントをアクティブにしたり、露出を増やすこともできます。

　いつも自分の投稿のことだけを考えていると、どうしても一方通行な発信になりがちですが、他のアカウントをよく見ていると、トレンドにもついていきやすくなります。

　また、投稿できそうな画像を撮影しておくのもおすすめ。行った場所や使ったもの、本や映画など、ちょっとしたものがネタになることもあります。また、リール用にちょっとした動画（歩いている足元や、風で揺れている木など）を撮っておくと、つなぎに使えることもあります。

　ネタを思いついたら、スマホのメモアプリなどに書いておきましょう。

第7章

つながりを深める
インスタライブ活用法

少しハードルの高い「インスタライブ」ですが、フォロワーとのコミュニケーションに役立つだけでなく、インスタグラムからの評価アップにつながることも。まずは基本を押さえましょう。

インスタライブの
基本を知ろう

● 定期的にインスタライブを開催しよう

　よほど人前で話すことに慣れている人でない限り、インスタライブに抵抗を感じるのは当然です。「誰も見に来てくれなかったら恥ずかしい」「どうやって進めたらいいかわからない」という人も多いでしょう。

　しかし、これからインスタグラムでフォロワーを増やしていきたいなら、ライブはとてもおすすめです。定期的に開催し、気持ち的にも慣れていくとよいでしょう。他の人のインスタライブを見て、進め方などを研究してみてください。**ライブを視聴している人数が多く、見られている時間が長いほど、よいアカウントとしてインスタグラムに評価されます。**

● リアルタイムのコミュニケーションは
　ビジネスチャンスにもつながる

　小柄な女性のための洋服で人気のブランド「COHINA」は、まだフォロワーが少ない頃から定期的にインスタライブを開催していました。そこでユーザーから直接寄せられたリアルな声が商品作りに生かされていることはいうまでもありません。

　ヨガなど習い事系の先生なら、「サービスのお試し」をするのにも適

していると思います。**作り込まれたフィード投稿やリールではわからない、素の自分や人柄が伝わり、より親しみを持ってもらうことができるでしょう。**

●インスタライブの活用例

左から、「銀座鮨あい田の女将さん」「GROW芦屋ヨガAyakoさん」「もんちゃん」のライブ動画。どの方も、自分からの発信をしつつも、視聴者目線に立ったライブ配信をされています

　例えば、講師をされている方なら、その場で視聴者から来た質問に答えることもできるので、より密な交流につながります。また、そのような質問が次のフィード投稿やリール投稿のネタになるということもあるかもしれません。

　ライブ配信画面の「共有範囲」の設定画面で練習モードを選ぶこともできるので、気軽に始めてみてください。

インスタライブの 告知をしよう

●ライブの告知はしっかり

インスタライブを行う際は、必ず事前に告知しましょう。**ライブの投稿画面から事前告知の投稿を行うことも可能です。** また、ストーリーズのカウントダウン機能を使ったり、プロフィールに記載するのもよいでしょう。特に定期開催する場合は、プロフィールや固定投稿など目につく場所に告知を入れておきましょう。

■カレンダー機能を使った告知方法

カレンダー機能で告知すると、視聴者はリマインダーを設定することができます。ライブ開始の前日と当日15分前に通知が届きます

■プロフィールやフィード投稿、ストーリーズを使った告知

もんちゃん　　 ｜ハンドメイド作品の撮り方📸
写真家・フォトグラファー
＼あなたと夢を形に🖌ドリームグラファー／
◇スマホ📲で撮影&編集のコツ
◇月水10時・金21時半ライブで📷講座
◇100均アイテム有効活用📐

真似すれば撮りたい写真になる
まずはやってみよう！

「もんちゃん」のようにライブを定期開催している場合は、プロフィールに告知することで新規のフォロワーにもチェックしてもらえます。「銀座鮨あい田の女将さん」「GROW芦屋ヨガのAyakoさん」のストーリーズやフィード投稿での告知も、「見てみたい！」と期待感を持たせるデザインです。

ストーリーズには左下のようなカウントダウンスタンプもあるので活用しましょう

インスタライブで
コミュニケーションをしよう

●ライブ中の質問には必ず反応する

　「インスタライブ」といえば、視聴者からの質問に答えていくのが定番のスタイル。せっかく送ってくれた質問に答えなければ、視聴者をがっかりさせてしまうので、必ず反応してください。

　とはいえ、ライブ中に質問が出てこないこともあります。**事前にストーリーズで質問を募集し、「○日のライブでお答えします！」と伝えれば、ライブの告知にもなり一石二鳥です。**

●ライブを見に来てくれた人の名前を呼んでみる

　インスタライブに視聴者が入ってくると、「○○が視聴を始めました」と表示されます。その際に、**「○○さん、ありがとうございます」や「○○さん、こんにちは」と挨拶すると、親近感がわきやすく、心理的にすぐに退出しづらくなる効果も。**ライブ全体を通して、コメントをしやすい雰囲気を作れるとよいでしょう。

　「○○が視聴を始めました」という表示のとなりにある「ウェーブ」をタップするのもおすすめです。

●コラボライブで盛り上げる

　インスタライブは現在4人までコラボすることが可能。相手がいることで話しやすくなるだけでなく、コラボ相手のフォロワーのアイコンにもライブ表示がされるため拡散力がアップします。

●ライブ後もストーリーズでアーカイブへ誘導

　インスタライブ終了後の画面で、動画をアーカイブしたり、ストーリーズでシェアしたりすることができます。ライブを見られなかった人にはアーカイブを見てもらうように誘導しましょう。

もんちゃんのライブアーカイブ。どんな内容だったのかがわかるようなカバーをつけているので、後でチェックしたい人が簡単に見つけることができます

GROW芦屋ヨガ
Ayako Nakatsu

@grow.ashiya_ayako

"更年期前後をラクにするヨガ"をコンセプトに、毎週木曜にインスタライブでヨガレッスンを配信。

Q いつ頃からインスタを始めましたか?

A. 2020年の2月に、ヨガの資格をとった直後にアカウントを開設しました。本格的にやり始めたのは2021年から。コロナ禍でそれまで対面で実施していたヨガレッスンができなくなったことも大きなきっかけとなりました。

Q 投稿頻度はどのくらい?

A. 以前はバラバラでしたが、最近では最低週1回は投稿するようにしています。ストーリーズはほぼ毎日アップしています。

Q 投稿を継続するために、工夫したことはありますか?

A. 週2回、5分の朝ヨガをインスタライブで配信しているので、このときの動画をリールに活用したりして時短しています。

レッスンのスケジュールや雑誌掲載情報を紹介

Q インスタを運用する上で苦労したことはありますか?

A. 最初は「よく見られたい」という気持ちがあって、顔出しや話し方などに緊張感が出ていたと思います。でも、よく見られようとすると本来の自分じゃない感じがしたんです。この「顔出しをする」という部分は慣れるまでとても苦労しました。

　コミュニケーションの場として気楽に関わろうと気持ちを切り替えたら、緊張せずにうまくできるようになりました。

Q インスタを運用する上で工夫したことはありますか?

A. 投稿のデザインは、ベージュやグリーンなどの色を使ったり、シンプルなフォントにして、パッと見て癒やされるような世界観を目指しています。

　動画を撮影するときは、午前中に自然光で撮るようにしているのと、

服装も元々はベージュが多かったのですが、それだと老けて見えるので、明るめの色の服を着るようにしました。

　また素の表情だと怒っているように見られがちなので、口角を上げるように気をつけています。あまり売り込みはせず、フォロワーさんとのコミュニケーションを重視するようにしています。

　このような工夫をしたら、ライブ配信を見てくださる方やコメントをくださる方が増え、県外の方からオンラインレッスンのお問い合わせが来るようになりました。

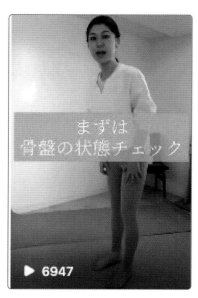

インスタライブはフォロワーとの大切なコミュニケーションの場所

■使っている道具・アプリ
　　撮影…三脚
　　編集…Canva、改行くん、Google スライド、VLLO、グリッド
■特に反響のあった投稿
　　「更年期のサインは月経の変化」という投稿

<u>Interview</u> 12 アットホームな女将のインスタライブが好評

銀座鮨あい田女将

@ sushi_ginza_aida

寿司店激戦区の銀座に店舗を構える「鮨あい田」の女将さん。
「ヒョウ柄好き女将」の親近感あふれるキャラクターが大人気！
鮨あい田の最新情報をインスタライブで配信中。

Q いつ頃からインスタを始めましたか？

A. ちょうどコロナ禍に突入し、飲食店が営業を自粛し始めた頃に開始しました。インスタライブも2週間に1回くらいのペースで行っていて、お客様などから「見ているよ」と声をかけていただくことが増えました。

Q インスタを運用する上で気をつけていることはありますか？

A. ライブ感を出すために旬の品をご紹介しているのですが、ただの宣伝になってしまうのは嫌なので、日常の報告なども発信しています。
　また、「ヒョウ柄好き女将」のキャラクターを出していますが、フィード投稿で出すと世界観が崩れてしまうので、ストーリーズのみにしています。

お店の雰囲気が伝わるフィード

朗らかな笑顔の女将のインスタライブは店内から中継！　公式YouTubeも運営中

1投稿作るのにどれくらいの時間がかかりますか?

A. ストーリーズは2〜3分、フィード投稿も10分ほどで作ります。リール動画は編集に少し時間がかかりますが、それでも15〜20分で作って投稿しています。

■ 使っている道具・アプリ

撮影…ライトつきの三脚

編集…Canva、改行くん

■ 特に反響のあった投稿

板前さん募集のリール

炎上対策

　インスタグラムでの発信をしていく上で気になるのが「炎上」。見てくれる人があってのツールなので、投稿する際は「全く知らないユーザーがこの投稿を見たらどう思うか？」という視点を忘れないようにしましょう。炎上を避けるために、以下の点に気をつけてください。

①信ぴょう性の低い情報は取り上げない
　情報をシェアする際は、それが事実かどうかを必ずチェックしてください。今は正しいと考えられている情報でも、何らかのきっかけで間違いになる場合もあるので、断定的な書き方は避けるようにしましょう。

②政治や宗教など思想に関する話題はできるだけ避ける
　思想に関する話題や、性差別や人種差別などにつながる話題は避けましょう。自分の意図とは違う方向に解釈されてしまうこともあります。

③個人情報や、他人の映り込みに注意する
　他人が写り込んでいる写真は必ず掲載の許可を取りましょう。難しければ本人とわからないように加工を。

④その場の勢いで投稿しない
　感情に任せて投稿すると、後々取り返しのつかないことになるケースも。複数人で運用する場合は、ダブルチェック、トリプルチェックをするのも大切です。

第8章

初心者でもできる
データ分析で
戦略的に

コンスタントに投稿できるようになったら、データを分析してみましょう。気にしておきたいポイントさえチェックしていればOK。今の投稿への評価を知ることで、今後の方向性も決まります。

フォロワーが増える
仕組みを知ろう

●アルゴリズムを知ることは運用のヒントに

インスタグラムをはじめとするあらゆるインスタグラムには、「アルゴリズム」と呼ばれる仕組みが働いています。インスタグラムを見ていると、「この投稿を見ているあなたへのおすすめ」として表示されるアカウントや投稿をついつい見てしまう…ということはありませんか？ あの「おすすめ表示」のように、どのアカウントをどこにどのように表示させるか、という仕組みのことを「アルゴリズム」と呼んでいます。

このアルゴリズムの仕組みの基礎を知っておくだけでも、運用の大きなヒントになります。

●アルゴリズムは常に変化している

インスタグラムのアルゴリズムは頻繁に変動しています。アップデートは小さなものから大きなものまで、常に動いているといっても過言ではありません。ここで説明するアルゴリズムは2023年3月時点のものになりますが、基礎的な部分なので、おそらくしばらくの間大きく変動することはないと考えています。

■インスタグラムのアルゴリズムの流れ

① 投稿をする

↓

② フォロワーから「いいね」や「保存」が集まる

↓

③ 「いいね」や「保存」が短時間に集まれば集まるほど、
「良質な投稿」と判断される

↓

④ 「おすすめ」や「発見タブ」に掲載される

↓

⑤ 非フォロワーに発見＆アクションされる

↓

⑥ フォローされる

上記が基本的なアルゴリズムの仕組みです。

この中でも特に重要なのが③。何かを投稿した後、「100いいね」を集めたとして、投稿後1時間で「100いいね」がついたのか、1週間かけて「100いいね」がついたのかでは断然前者の方が「質がよい」と判断されることになります。

投稿の分析は「インサイト」を見ていきます。
投稿の左下にある「インサイトを見る」を
タップすると見ることができます

投稿の「保存率」を
出してみよう

● 投稿1週間後にデータをチェック

　まずは何も気にせずに投稿をアップしてみましょう。そして1週間後に、「インサイト」画面を見て、その投稿にどれくらいの反応があったのかチェックしましょう。

●「いいね」よりも気にしたいのは「保存数」

　P29でも述べていますが、**現在のインスタグラムのアルゴリズムでは、「いいね数」よりも「保存数」の方が重要視されています。**そのため「いいね数」で一喜一憂する必要はありません。

　「保存」はアクションのハードルが高い分、それだけ情報に価値があり、優良な投稿として判断されるのです。

　インサイト画面の右端にあるブックマークのアイコンにある数字が保存された数です。まずはこの数字をチェックしてみてください。

投稿を見た人のうち、何人が保存してくれたのかをチェック

保存数を確認したら、次は保存率の計算もしてみましょう。

保存率は、投稿の保存数❶÷リーチ数（投稿を見た人の数）で算出することができます。

例えば、1,000人にリーチし、10人に保存された場合の保存率は1%になりますが、同じ1,000人のリーチでも、20人に保存された場合は、2%になります

保存率2〜 3%を目標に

まずは保存率0.5〜1%を目指しましょう。そして、その目標がクリアできたら**最終的には保存率2〜3%の投稿ができるようになると、「バズる」可能性が期待できます。**

なかなか保存率が上がらない場合は、あなたの投稿がユーザーのニーズに沿っていない可能性があります。これまでの投稿で保存率の高いものを探し、何がよかったのか分析し、投稿内容の改善を図りましょう。

投稿の「ホーム率」を
出してみよう

●フォロワーのうち、何人が投稿を見てくれた のかをチェック

　数値を見る上で、もうひとつ重要な指標となるのが「ホーム率」です。**「ホーム率」とは、既存のフォロワーがどれだけあなたの投稿を見てくれたかの指標**です。

　P145のアルゴリズムの流れの部分で、投稿を見た人がどれだけあなたの投稿に対して「いいね」や「保存」をしてくれるかという点が重要であるということを述べました。

　ですから、「まずは既存フォロワーに投稿を見てもらう」という必要があります。

●フォロワーに投稿が届いていないこともある

　「フォロワーには、当然私の投稿を見てもらえるはずだよね?」と思われた方もいらっしゃるかもしれませんが、それは誤解です。

　注意しておきたいのが、「フォロワー全員に投稿が見られているわけではない」という点です。実は、インスタグラムのタイムラインやストーリーズは、そのアカウントとの親密度など、様々な条件によって表示される順番が決まっています。

普段よく見ているアカウントや、コメントのやり取りなど、コミュニケーションをとっているアカウントほどタイムラインでは上位に表示され、ストーリーズは左側（よく見られやすい位置）に表示されます。

●「親密度の高いフォロワー」を増やそう

フォロワーであっても親密度が低く、普段何のやり取りも発生していないアカウントは、タイムラインではずっと下の方に、ストーリーズではずっと右側に表示されてしまうため、何度もスワイプをしなければあなたの投稿にたどりつくことができません。

何百人、何千人もフォローしているアカウントがある人は、上位に表示されない限り、投稿を見られる可能性が低くなります。

このことからも、いくらあなたのフォロワーでも、全てのフォロワーに投稿が見られるわけではなく、親密度の高いフォロワーにしか見られないということになります。

ホーム率はあなたのフォロワーにどれだけ投稿が見られているかの指標であり、同時に親密度の高いフォロワーがどれだけいるかという指標でもあります。

ホーム率はリーチしたフォロワー❶÷総フォロワー数（ホーム画面に表示される数）で算出できます。だいたい30%以上を目指しましょう。30%を切ってしまう場合は、親密度の高いフォロワーが少なく、質の低いアカウントとしてインスタからのアカウント評価が下がっている可能性が高いです

リーチ ⓘ

20,928
リーチしたアカウント

❶ **12,156**
フォロワー

8,772
フォロワー外

インプレッション	**25,073**
ホーム	16,155
ハッシュタグ	5,614
発見から	1,769
その他	123

⬤ホーム率が低い場合は
積極的にフォロワーとコミュニケーションを

　ホーム率が低い場合は、下記のような「フォロワーとのコミュニケーション」を増やす改善策を試してみましょう。

　ただし、コミュニケーションは一時的な対策ではなく、運用する上で常に心がけておきたいことです。**親密度の高いフォロワーが増えることで、ホーム率が上がると、投稿の保存数も増えやすく、非フォロワーに投稿が見られる可能性も高まります。**

■フォロワーとのコミュニケーションを増やす「シグナル」

⬤投稿へのコメントや「いいね」、保存、コメント

⬤コメントへの返信

⬤ストーリーズで質問やクイズのスタンプを使う

⬤DMでやりとりをする

⬤インスタライブをする

インサイトを見る習慣を
つけよう

●投稿→改善を繰り返して、勝ちパターンを掴む

　インスタグラムのアルゴリズムには、「こうすれば絶対にこうなる」といった明確な答えはありません。Aのアカウントで上手くいった事例でも、Bのアカウントでは上手くいかないなど、再現性のないケースも多々あります。

　しかしながらアルゴリズムの基本的な仕組みを理解し、これに沿った運用をしていけば、数値が伸びる近道となることは間違いありません。

　そのためには、**まずはとにかくやってみる→数値を見て、仮説を立てる→改善策を考える→改善した形でやってみる**という流れを繰り返すことしかありません。改善を繰り返しながら、あなたのアカウントの勝ちパターンを掴んでいきましょう。

●インサイトの画面に慣れよう

　「インサイト」には他にも色々な数値があります。全てを知る必要はありませんが、日頃から分析に慣れていると、チャンスを見逃さずフォロワーを増やしたり、ビジネスにつなげたりすることができるでしょう。

「エンゲージメント」は、投稿に対するユーザーの反応のことを表します。上の投稿では2,398人のユーザーが「いいね」や「保存」など何らかのアクションをしているということになります。やりとりをし、その後プロフィールにアクセスした人数もカウントされています。

また、「リーチ」は、この投稿を最低1回見たアカウントの数。フォロワーかフォロワー以外なのかもチェックしてみましょう。「インプレッション」は投稿が表示された回数です。ひとつのアカウントから何回も投稿を見た場合はインプレッションが増えていきます。どこのタブからこの投稿が表示されたのかも見ることができます。

第**9**章

プラスアルファの
合わせ技

インスタグラムをビジネスに
活用するには、他の媒体と組
み合わせるとさらに効果的
に！　自動返信ツールの「iス
テップ」についてもご紹介し
ます。

アカウントを伸ばすために
できる施策

●インスタ＋アルファでSNSの効果をさらに高める

さて、ここまで、主にインスタグラムの活用法について説明してきました。

しかし、あなたのサービスをより拡大させたい、SNSの効果を最大限に発揮したいという場合は、**インスタにプラスアルファ、別の媒体も合わせて活用するとよいでしょう。**

①インスタ＋公式LINE

「○○講座」「オンラインサロン」などへの集客や、店舗経営をされている場合は、公式LINEを合わせて利用するのがおすすめです。

限定情報の配信を行うことでファン作りにつなげたり、スタンプカードや予約システムなど、企業にとって役立つサービスが多いため、よりチャンスを広げることが可能です。

②インスタ+iステップ

　iステップは、インスタ上でユーザーからのリアクションに自動応答するチャットボットです。投稿へのコメントなど、アクションをしてくれたユーザーに対して、自動的にDMを送信してくれます。問い合わせ対応を自動化し、インスタグラムの運用やビジネスの成果を最大化します。

■例えば、ファッションアカウントで…

❶「この服をお得に購入したい人は、この投稿のコメント欄に"クーポン"とコメントしてください」と投稿でお知らせ

↓

❷"クーポン"とコメントをしたアカウントに対し、自動的にDMでクーポンコードを送信

↓

❸インスタからの売上げアップにつながるとともに、コメントが大量に入ることでアカウントのエンゲージメントもアップ！

　という仕組みです。導入しているアカウントも増えており、今大注目のツールです。

　インスタグラムで@istep_officialと検索すると自動応答を体験できます。

ショーマンさんの「旅行検索ツール」はiステップを利用したもの

●プレゼントキャンペーンでフォロワーを増やす

　企業のアカウントなどで、「このアカウントをフォロー＆投稿にいいねをしてくれた人の中から○名に○○をプレゼントします」のような投稿を見たことがある方も多いのではないでしょうか。

　インスタグラム運用では、とにもかくにもユーザーにあなたのアカウントを「見つけてもらう」ことが重要です。**その方法のひとつに、プレゼントキャンペーンを実施し興味を引きつけるという方法があります。**

　応募条件をフォロワーに限定することで、爆発的にフォロワーの増加を見込むことができます。ただし、キャンペーンの実施に当たってはインスタグラムの利用規約違反にならないようにしなければいけません。

　フォローや「いいね」の見返りとして、現金や金券を送ることは利用規約違反となります。物や体験など、規約違反にならないものを賞品に設定しましょう。

プレゼント企画を上手に使いましょう

● キャンペーンを頻繁に実施することで
エンゲージメントを下げる可能性も

　プレゼントキャンペーンを実施すると、アカウントの発信内容よりも、プレゼント目的でフォローをするユーザーが増えます。そのようなアカウントは、キャンペーンの実施後、通常の投稿に対して何のアクションもしてくれなかったり、フォロー離脱してしまう可能性も高いです。**純度の低いフォロワーをやみくもに増やすことは、アカウントにとってマイナスになることもありますので注意しましょう。**

● インフルエンサーやアンバサダー施策で
サービスをPR

　影響力のあるユーザーに商品やサービスのPRをしてもらうことで、認知拡大を図る方法です。**私の中の線引きとしては、「インフルエンサー＝フォロワー数が多く、影響力のあるユーザー」「アンバサダー＝フォロワー数は少なくても、対象のサービスや事業に対して熱量の高いユーザー」を指します。**

　インフルエンサー施策は、フォロワー数の多いユーザーに発信してもらうことで瞬発力を得ることはできますが、その影響力が長く続くケースは少ない印象です。

　一方でアンバサダー施策は、瞬発力はないものの、熱のこもった発信をしてもらえることで、長期的にサービスを盛り上げることができます。**イベントの開催時はインフルエンサー、定常的な施策としてはアンバサダーなど、2つの施策をタイミングに合わせて使い分けるのがよいと思います。**

●他のSNSも活用してファンを増やす

インスタグラムを利用するユーザーの多くは、複数のSNSを利用しています。情報を得たい場合はインスタ、リアルタイムの発信をする場合にはTwitter、学びたいときにはYoutube、といった具合です。

ペルソナに合わせて、インスタグラム以外のSNSでも発信をすることで、あなたのサービスや事業を知ってもらう流入経路を増やすことができます。

例えばショートムービーを1本作成すれば、インスタにも、TikTokにも、Youtubeショートにも、Twitterにも投稿することが可能です。時間がなかなか作れないうちは、上手に素材を使い回しながら運用にチャレンジしてみてください。

●「フォロー&いいね」施策も条件によっては効果的に

インスタグラムに関する記事や本を読んでいると、「フォロー回り」や「いいね回り」は絶対にダメという内容をよく目にします。

しかし、**私としては「一定の条件下においては実施してもよい」と考えています。**数年前のインスタでは、やみくもに他のアカウントに対してフォロー、「いいね」をし、フォローバックをしてもらうことでフォロワーを増やす、という方法がありました。

大前提としてですが、このやり方はよくありません。この場合のフォローバックは、あなたのアカウントに興味があるというよりも、「返報性の原理」(何か施しを受けた場合に、お返しをしなければならないと考えること)が働いています。そういうフォローをもらったとしても、後々あなたの発信に対して興味を持ってもらえず、見てもらえない、アクションもしてもらえない…という可能性が高いです。

また一度に大量のアクションを行うことで、インスタグラム側にスパ

ム扱いされ、アカウントに制限がかかったり、永久凍結してしまうケースもあります。

一方で、「同じようなジャンルのアカウントと繋がり、**コミュニケーションを図る**」ということを目的にした上で「**フォロー**」や「**いいね**」を実施することは、**アカウントにとってのメリットが大きくなります。**

フォローする対象のアカウントや発信内容をきちんと確認し、自分と同じようなジャンル、またはそのジャンルに対して興味を持ってくれそうなユーザーであれば、フォローや「いいね」をし、さらにコメントやDMのやり取りも重ねられれば、エンゲージメントやアカウントに対する評価も高くなります。

●自分と似たアカウントとの交流によって、発信ジャンルが明確に

インスタのアルゴリズムにおいては、「このアカウントがどんな内容を発信しているのか」という「ジャンル認定」が重要なポイントになります。インスタのAIがおすすめや発見タブに掲載するアカウントを選ぶとき、例えば犬好きな人には"犬ジャンル"のアカウントを、コスメ好きな人には"コスメジャンル"のアカウントを表示させます。

インスタがあなたのアカウントを「〇〇ジャンルのアカウント」と正しく認定してくれれば、最適なユーザーにレコメンドをしてくれます。

インスタに自分のアカウントのジャンル認定をしてもらうためにも、同じようなジャンルのアカウントと積極的にコミュニケーションを取っていくことは大変おすすめです。

自分のアカウントがどのジャンルとして認定されているのかを確認する方法があります。この方法は絶対ではありませんが、可能性としては高い検証方法です。

①自分以外のアカウント（サブアカウント）から自分のアカウントを開く
↓
②プロフィール下の「 :+: 」マークをタップ
↓
③ここではあなたのアカウントと「似ているジャンル」としてインスタが認定したアカウントが表示されます。

　ここに表示されたアカウントが、あなたと同じようなジャンルであれば、正しく認定されていると考えてよいでしょう。

　意図と違うジャンルが表示される場合には、インスタグラムから正しくジャンル判定されていませんので、前述した「フォロー＆いいね」施策を実施することで改善される可能性があります。

●「ChatGPT」をインスタグラムに活用することも可能

「ChatGPT」に代表される対話型AIは、ありとあらゆる質問に、短時間で詳細な答えを出してくれ、様々な活用が期待されています。

ネット上に存在する過去の情報を学習し、それをベースに回答を作成してくれるので、ネットで検索できることについてはひと通り網羅しています。

また、「ChatGPT」の機能がLINEで利用できるチャットボット、LINE公式アカウントの「AIチャットくん」もあるので活用してみてください。

■インスタグラムでの「ChatGPT」の活用例（「AIチャットくん」を使用）

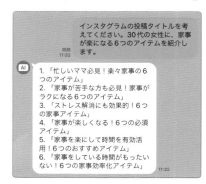

投稿タイトルの作成

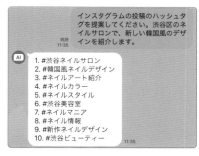

ハッシュタグの提案

記事型投稿を作成する場合のテーマ選びやタイトルの作成、ハッシュタグに使用するキーワード選びやDMへの返信パターンを作成する際に「ChatGPT」を利用すると、たくさんのヒントをくれそうです。ただし、これらはそのまま利用すると機械的になることも多いので、少し自分なりのアレンジを加えて活用してみてください。

インスタグラムの広告を
利用してみよう

● 広告配信も「発見タブ」に掲載されるように

企業アカウントで、特におすすめしたいのが広告配信です。

最近のアルゴリズム変更により、発見タブに広告が掲載されるようになりました。

このことにより、広告をかけない一般の投稿が発見タブに掲載される面積が減り、「発見タブへ露出されづらくなった」「リーチが伸びなくなった」という声が多く聞かれています。それは裏を返せば、**広告配信をすれば発見タブに掲載される可能性が高くなる、ということでもあります。**

インスタ広告の特徴は、低単価から配信ができるという点と、ターゲティング精度が大変高いという点があり、**広告配信を行うことで、莫大な予算を割かずとも一定の効果が期待できます。**1万円以上広告配信に予算を充てられる場合には、優先的に検討してもよいでしょう。

■インスタグラム広告のメリット

❶低予算から始められる

インスタグラムの広告は1日あたり100円程度から始めることができます。予算を設定し、その金額を消費すると自動的に広告の出稿が止ま

る仕組みになっているので気軽に始めることができるでしょう。

❷ターゲティングの精度が高い

　インスタグラム広告は、Facebookと紐づいているのでユーザーの性別や年齢、居住地、興味・関心などのデータから、**より精度の高いターゲティングをすることができます。**そのため、まずは出そうとしている広告がどんな人をターゲットにしているのかを明確にしておくことが大切です。

❸フォーマットが豊富

　インスタグラム広告は、ターゲットに合わせた様々なフォーマットで配信することができます。画像や動画だけではなく、**アンケート広告や、ショップへの導線を作ることができるショッピング広告など、様々な機能を利用できます。**

❹海外ユーザーへも訴求できる

　ビジュアルがメインとなるインスタグラムでは、海外ユーザーにもリーチさせることが可能。特にビジネスの海外展開を考えている場合に有効です。

　インスタグラム広告の出稿手順などは、インスタグラムの公式ページをご確認ください。

ハンドメイド材料WEBショップ／Cartonnageart（カルトナージュアート）

@ cartonnageart

ハンドメイド材料のWEBショップを運営している山口さん、ご自身もカルトナージュアートのハンドメイド作家としてご活躍。お洒落な生地・革・金具類の他、オリジナルキットなどを販売！

Q いつ頃からインスタを始めましたか？

A. アカウントの開設は2016年の4月からです。公式LINEを始めた2年前（2021年）から力を入れ始めました。

Q 投稿頻度はどのくらい？

A. ストーリーズは毎日、1日1〜3回投稿しています。
プライベートの出来事を発信したり、アンケートを取るなど、フォロワーさんとのつながりを濃くできるようにしています。
　フィード投稿では、商品の紹介を1週間に1〜2回投稿していて、リールにも力を入れています。

Q インスタを運用する上で苦労したことはありますか？

A. 撮影時、作品を作っている場面を撮りたいのですが、作る時間帯が午後〜夜なので光を安定させられないことが悩みです。

誰かに撮ってもらうにも、作成中、横に何時間もついて撮影してもらうのも難しく、そのスキルを自分で身につけられるように勉強中です。

オリジナルキットの紹介や使い方がフィードに並ぶ

Q 1投稿作るのにどれくらいの時間がかかりますか？

A. ストーリーズは15〜20分くらい。フィード投稿だと2時間以上かかることもあります。

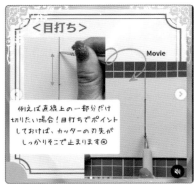

オリジナルのキットが人気。バズった道具の
使い方など、作り方も配信している

Q

インスタを運用する上で気をつけていることはありますか?

A. どういう商品か分かりやすいように。また、作り方のポイントがわ
かりやすいように、という点を意識しています。

インスタ運用の目標はありますか?

A. フォロワー数2万人と公式LINEへの誘導を今より5,000人増やすこ
とです。

■ 使っている道具・アプリ
  編集…Canva、VITA、Inshot、LightRoom

■ 特に反響のあった投稿
  道具の使い方など、もうみんな知っていると思っていた投稿
  こんなお道具の使い方　保存120件

フォロワー数に
一喜一憂しなくてOK

　インスタグラムのアカウントを運営していく上で、どうしても気になるのがフォロワー数。

　どんどんフォロワーが増えていくときは、モチベーションも上がりますが、フォロワーが減ってしまうと、落ち込んでしまいますよね。
フォロワーが減る原因としては、投稿頻度が少ないことが考えられます。

　しばらく投稿していないと、フォロワーとのコミュニケーションが減り、相手の「フォロー中」の中にある「やりとりが少ない」リストに入ります。そうすると、「この人はもうフォローしなくていいか」と、フォロー解除される確率が上がってしまうのです。

　毎日ではなくても、コンスタントに投稿したり、コミュニケーションをとることで「濃いファン」を作っていきましょう。

　それ以外にフォロワーが減る原因として、フォローバック目当てでフォローしてきた人が、フォロバがないためにフォローを外すということもよくあります。それに、海外のスパムアカウントがフォロワーだった場合はアカウント自体がBANされて消えることもあります。こういった人たちは、フォローしてくれていても自分の投稿に興味があるわけではないので、濃いつながりになることはなく、エンゲージメントが低くなりアカウントの評価が下がることになるため、フォローを解除してもらった方がよいという面もあります。

　フォロワーの数に一喜一憂せず、楽しみながら投稿していれば、少しづつ結果が出てくると思います。

インスタグラムにまつわる用語集

	用語	意味
英数字	5大SNS	Facebook、Twitter、Instagram、LINE、TikTokの5つのこと。
	Canva	オンラインで使えるグラフィックデザインツール。画像に文字を入れたり、記事型の投稿を作るのに便利。
	CTA画像	「CTA」はCall To Actionの略。「いいね」や保存など、ユーザーにアクションを促すための画像。
	DM	ダイレクトメッセージの略。他のユーザーと直接メッセージのやり取りができる。
	IG	インスタグラムの略。
あ	アスペクト比	画像の縦横比のこと。フィード投稿の場合は「1:1」か「4:5」、リールは「9:16」が推奨されている。
	アフィリエイト	SNSなどの投稿内で商品やサービスを紹介し、ユーザーがそれらを購入することで報酬を獲得する仕組み。インスタグラムでも利用可能。
	アルゴリズム	インスタグラムのシステムが、それぞれのユーザーに表示させる投稿を判断する仕組み。
	いいね	ハートマークを押すことで「いいね」のアクションができる。
	位置情報	投稿に、お店や場所の位置情報を表示させることが可能。
	インサイト	プロアカウントのみで使用可能。自分のアカウントや投稿についての様々なデータを見ることができる。
	インスタグラマー	フォロワー数が多く、影響力を持つユーザーのこと。
	インスタライブ	インスタグラム内でライブ配信する機能。
	インプレッション	投稿が表示された回数を表す指標。
	エンゲージメント	「いいね」や保存、コメントなど、投稿に対するユーザーの反応を表す指標。

か	回遊性	ユーザーがそのサイトにどれだけ長く滞在したかを表す指標。
	カルーセル投稿	1つの投稿内に複数の画像や動画を使うこと。
	キーワード検索	インスタグラム内で特定の単語やフレーズを検索すること。
	キャプション	画像や動画と一緒に投稿する文章。
さ	シェア	気に入った投稿やリールを、ストーリーズなどで他のユーザーと共有すること。
	シグナル	ユーザーからのアクションなど、アルゴリズムにより投稿のクオリティを測る指標
	ジンバル	スマホを手ブレなく安定して撮影する機材。
	ストーリーズ	24時間限定で公開される画像や動画の投稿。
	世界観	アカウントが持つ独自の雰囲気やイメージ。
た	タイムライン	フォローしている人の投稿が時系列で表示される画面。
	タグづけ	投稿に関連するアカウントや商品に誘導すること。フィード投稿の「タグづけ」や「商品をタグづけ」で設定できる。
	タブる	「発見タブ」を閲覧すること。
	テストアカウント	画像の見え方などを確認するために使う、テスト用のアカウント。
は	ハイライト	過去にストーリーズで公開したものを、まとめてプロフィールページに表示できる機能。
	バズる	投稿が急速に広まり、話題になること。バズった投稿を「バズ投稿」ともいう。
	発見タブ	ユーザーが興味を持ちそうな投稿を表示するタブ。インスタグラムのAIによってパーソナライズされている。
	ハッシュタグ検索	特定のハッシュタグ（#〇〇）で検索すること。
	バン	一時的または永久的にアカウントを制限されること。インスタグラム内で不適切な投稿や行動があった場合に起こる。
	非公開アカウント	許可したユーザーのみに投稿を公開するアカウント。
	ビジネスアカウント	ビジネスに適した機能のあるアカウント。投稿に対する数値などのデータを見ることもできる。

は	フィード投稿	インスタグラムの最も基本的な投稿。画像や動画をアップすることができる。
	フィルター	写真や動画の色調や雰囲気を変える処理のこと。
	フォロバ	自分をフォローしたユーザーをフォローすること。
	ブロック	特定のユーザーからの閲覧、コメント、DMなどを拒否すること。
	ペルソナ	自分の投稿を見てほしいユーザーを想定した人物像。
	ポスト	投稿すること。
	保存	投稿を保存すること。多く保存された投稿はインスタグラムに評価される。
ま	メンション	タグづけと同じ。投稿やストーリーズで、関連するアカウントを「@アカウント名」で誘導すること。
ら	リーチ	投稿が表示されたユーザー数を表す指標。
	リール	最大90秒の短い動画を作成・投稿できる機能。
	リンクツリー	複数の外部リンクを表示できるリンク集。
	レコメンド	インスタグラムが、そのユーザーにおすすめのアカウントや投稿を表示すること。

1日30分×5日で完成
アカウント設計スケジュール

インスタグラムを運営する上で、アカウント設計は何より大切。ここをしっかり決めておけば、投稿の方向性がブレることもありません。5日かけて作っていきましょう。

DAY 1 コンセプトを決める

あなたのアカウントで「①誰に」「②何を」届けるのか具体的に決め、コンセプトを明確にしましょう。

> **例）自分が経営する、渋谷にあるカフェのアカウントを作りたい！**
> ①誰に：渋谷によく来る人・観光で来た人
> ②何を：自分のお店のケーキの美味しさを知ってほしい
> ↓
> 『渋谷で一番美味しいケーキ&珈琲、ココにあります』

DAY 2 ペルソナを設定する

P45を参考に、あなたのアカウントのペルソナを作りましょう。参考になるような画像も一緒に集めると、デザインを決める際の参考になります。

DAY 3 プロフィールを作る

トップ画面のプロフィール文を作りましょう。絵文字や特殊文字などを使うと、見やすく仕上がります。（特殊文字は「改行くん」などのアプリを使うとうまくできます）

★ポイント（→P38参照）
・文字数は150字まで
・箇条書きで、シンプルに。「です」「ます」は削る
・「Day1」で決めたコンセプトを入れる
・権威性があれば入れる
　（例：1,000人をプロデュース！・〇〇大会優勝 など）
・このアカウントをフォローするメリットを入れる
　（例：〇〇のノウハウがわかります！ など）

DAY 4 アカウントのデザインを決める

ペルソナに合わせたデザインを決めましょう。ペルソナが読みそうな雑誌を参考にしてみるのもおすすめです。

・テーマカラーを決める
・（文字入れする場合）メインで使用するフォントを決める
・（文字入れする場合）Canvaで投稿のフォーマットデザインを作成する

DAY 5 競合アカウントのリサーチする

同じジャンル（コンセプトや対象年齢など）のアカウントをリサーチしましょう。自分のアカウントの方向性も定まっていきます。

①競合アカウントを見つける
②そのアカウントがよいと思ったところを書き出す
③そのアカウントの改善点と思うことを書き出す
イメージに近い画像を見つけたら、保存しておきましょう。

1日30分×3日の作業で1投稿 アカウント運用ルーティン

1日で投稿を完成させようと思うと、時間がかかり、継続が難しくなります。作業を小分けして、3日に1度投稿できるルーティンを作りましょう。

 ## 素材を撮影しよう

静止画、動画、縦型、横型、アップ、引きなど様々な角度から撮影しましょう。多めに撮影しておくと、あとで選びやすいです。

 ## 静止画・動画を編集しよう

静止画…Canvaを使って文字入れなどのデザインを作成
動画…CapCutやVNなどのアプリを使って編集

※アプリの操作に慣れるまで、最初は30分以上かかると思います。
2日間に分けるなどして作業を分割してもOK！

 ## キャプション・ハッシュタグをつけて投稿しよう

ハッシュタグは、投稿内容と関連性の強いワードをつけましょう。キャプションとハッシュタグが整ったら画像や動画と共に、いざ投稿！

このルーティンを定着させ、コンスタントに投稿していきましょう。

著者
門口 妙子（かどぐち たえこ）

株式会社ROC（ロック）SNSプロモーション事業部
サブマネージャー。
大学卒業後、東京都内の児童館職員として勤務。利
用者対応のほか、イベントのフライヤーやパンフレット
制作などデザインに関わる業務を多く行う。
紆余曲折を経て、2019年にSNS業界へ転身。インス
タグラムを中心にアカウント設計〜クリエイティブデ
ザイン、オペレーション運用まで幅広く経験する。

著者に直接聞いてみたい！というときは……

①インスタプロデューサー「ヤッピーさん」による「インスタグラムアカデミー」

これから「もっと活躍したい！」「成長したい！」と思っている個人・経営者の方におすすめ。
次回2023年8月の開催で8期となる当講座でこれまでに461万人のフォロワーさんを増や
すプロデュースに成功されています。

私もこちらの講座で講師を務めております。私以外にも、リール編集やデザインなど各
ジャンルに特化した先生が在籍30名越え！
どんなジャンルの方も安心です。
興味のある方はぜひチェックしてみてください。

【期間限定特典】
右のQRコードから公式LINEをお友達追加していただくと、
インスタマル秘スライドをプレゼント！

②著者のインスタをチェック！
出版記念のインスタ講座を開催予定。最新情報を私のインスタ（@taecostagram）で発
信しますのでぜひチェックしていてくださいね！

※掲載の情報は2023年4月現在のものです。各種情報は変更・廃止になる場合がありま
　す。
※調査データはの下記のSNS購買行動調査の情報を参照しました。
　https://prtimes.jp/main/html/rd/p/000000006.000112974.html
　https://smmlab.jp/article/sns-research-2020/

装丁・本文デザイン	宇江喜桜、熊谷昭典(スパイス)
編集協力	宇野真梨子
校正	土井明弘(風の庭)
DTP・図版作成	田端昌良(ゲラーデ舎)
編集人	伊藤光恵(リベラル社)
編集	鈴木ひろみ(リベラル社)
営業	津村卓(リベラル社)
製作・営業コーディネーター	仲野進(リベラル社)

編集部　尾本卓弥・中村彩・安永敏史
営業部　澤順二・津田滋春・廣田修・青木ちはる・竹本健志・持丸孝・坂本鈴佳

1日30分インスタ運用術

2023年5月27日　初版発行

著　者　　門口 妙子
発行者　　隅田直樹
発行所　　株式会社リベラル社
　　　　　〒460-0008　名古屋市中区栄3-7-9　新鏡栄ビル8F
　　　　　TEL 052-261-9101　FAX 052-261-9134
　　　　　http://liberalsya.com
発　売　　株式会社 星雲社(共同出版社・流通責任出版社)
　　　　　〒112-0005　東京都文京区水道1-3-30
　　　　　TEL 03-3868-3275
印刷・製本所　株式会社 シナノパブリッシングプレス

一番わかりやすいNISAとiDeCoの本！

『ど素人の私でも死ぬまで困らないための お金の増やし方を教えてください』

コミック：あきばさやか　監修：横山光昭　　1,200 円＋税

NISA も iDeCo もわからない、子育て中イラストレーターが将来の
ための資産運用を、お金の専門家に教えてもらいました。
苦手な投資や年金の話を、超絶わかりやすく紹介する実録コミック。
マンガを読むだけで NISA と iDeCo がわかります。